亞山의 大學講義

김병호 · 강의
김진규 · 구성

소강

차례

- 일러두기 ——————— 4
- 序文 ——————————— 5
- 大學總論 ————————— 9
- 英祖大王御製序 ————— 13
- 大學章句序 ——————— 21
- 大學章句大全 —————— 39
- 經1章 —————————— 42
- 傳1章 —————————— 69
- 傳2章 —————————— 75
- 傳3章 —————————— 82
- 傳4章 —————————— 101
- 傳5章 —————————— 108
- 傳6章 —————————— 112
- 傳7章 —————————— 126
- 傳8章 —————————— 134
- 傳9章 —————————— 141
- 傳10章 ————————— 161
- 大學 총정리 ——————— 215
- 大學原文 ———————— 220

일러두기

▶이 책의 구성 체계

　아산이 생전에 『대학』을 강의하고 그 아드님 되는 일강이 그의 강의를 기록 및 구성했다. 일강에 의해 기록 및 구성된 아산의 강의 원고를 기초로 삼아 편집부에서 현재의 이 책 형식으로 재차 편집했다. 편집 과정에서 다소 무리한 점이 있더라도 가능한 한 강의 내용의 기록을 베껴 쓰듯이 하여 첨삭을 가하지 않았다. 왜냐하면 아산의 강의 原義를 거스릴까 하는 노파심에서다. 단지 맞춤법 교정, 문맥 다듬기와 구성 체계에 있어서 독자들이 읽기에 편하도록 『大學』 원문의 章·節을 머리로 하고, 이하 總說, 各說, 朱子註로 나누어 편집했다. 혹 總說 부문이 빠진 章이 있으나 『대학』의 원문 해석을 總說 대신으로 갈음해도 무리가 없을 줄 안다. 왜냐하면 아산의 강의 내용에는 첨삭을 가하지 않겠다는 편집 원칙 때문이다. 또한 손수 준비하신 기존의 교본을 가지고 문장 서술식으로 강의를 해 나가지 않았기 때문이다. 아무쪼록 독자 여러분의 양해를 바란다. 그리고 『亞山의 大學講義』를 충분히 습득하고 난 뒤 학습의 점검을 위해 따로이 『大學』 原文을 이 책 뒤에 붙였다. 강의 본문은 국한문혼용을 원칙으로 했으며, 어려운 한자는 각 페이지 아래 각주란에 풀이를 했으니 참고 바란다.

▶편집 기호의 약속

1. 『 』는 서명에 「 」는 편명에 사용하였다.
2. 〈 〉는 주로 『대학』 원문과 주자주 해설에서 사용하였다. 문장의 중간이나 앞에서 필요한 어구를 삽입하여 읽어도 무방할 경우에 사용하였다.
3. ( )는 기존 문구나 단어 대신에 사용할 수 있는 새로운 문구나 단어를 이 기호 속에 넣었다.
4. ·는 한문으로 된 문장에서 독해의 도움을 주고자 간단한 자구 풀이 앞에 사용하였다.
5. " "는 어떤 문구를 인용할 경우에 사용하였고 ' '는 어떤 어구를 재인용할 경우나 단어를 강조할 때 사용하였다.
6. 『대학』 각 장·절의 차례번호는 각 장·절 위에 아라비아 숫자로 통일하여 표기하였다.
7. 『대학』 원문과 주자주의 현토는 강론자의 의견을 철저하게 따랐다.

序文

    乾坤否泰의 相交와 姤復의 이치로 자연의 순환은 어김없이 찾아와 剝落의 계절인 가을이 돌아왔다. 덧없이 지나기는 세월의 흐름 속에서, 낙엽 지는 은행나뭇잎을 바라보니 또 한 해가 가는가 싶다. 이 해가 다 가기 전에 해야 할 일이 너무나 많았지만, 그 중에서도 가장 먼저 해야 할 일이 만천하에 공개될 『亞山의 大學講義』곧 亞山學術叢書 제2집의 발간이다.

    세상 사람들은 흔히 儒學의 經典인 『七書』를 공부하는 데 많은 시간을 보내고 있다. 뿐만 아니라 『四書』를 읽고 『三經』을 공부하여 最高學說인 『易經』에 나아가자면 시간과 정력이 많이 소요되고, 이 또한 난해한 학문이라 中途之廢하거나 아예 易學에는 손도 못 대는 경우가 거의 대부분이라고 여긴다.

    이에 정력의 많은 소모를 막고 대자연의 오묘한 이치를 알 수 있으며, 혼자서도 쉽게 이해할 수 있도록 어려운 곳의 정곡을 파헤쳐 편찬한 것이 바로 이 『亞山의 大學講義』라고 여긴다.

    금년 상반기에 발간된 『亞山의 中庸講義』와 쌍벽을 이루게 될 이번 『亞山의 大學講義』는 아버님의 학술적인 儒學思想과 꿋꿋한 선비 정신을 그대로 진술하게 담고 있어서 東洋經典의 연구를 갈구하는 뜻있는 사람들에게는 도움이 되리라 여기는 바이다.

『大學』은 유학의 진수를 담은 글로 공자의 사상을 그 首弟子인 曾子 및 그의 門人들에 의하여 논술된 것이다. 또한 이 경전은 세상을 살아가는 유학자의 道學 및 정치 사상을 내포하고 있어 古今을 막론하고 많은 사람들에 의하여 읽혀져 왔고 또 연구 대상이 된 경전으로써 自他가 다 공인하고 있는 바이다.

사람들은 『四書』를 공부하고 『三經』을 연구한다고 하나 『周易』에 입문하기 위해서는 『大學』과 『中庸』을 거쳐서 易理에 접하는 것이 순서가 아닐까 여겨 『庸·學』을 먼저 세상에 탄생시킨 것이다.

우리가 살아가는 이 지구상의 5대양 6대주에는 약 60억의 인구가 살고 있다. 극도의 과학 문명이 발전했으며 바야흐로 우주 시대가 열렸다고는 하지만 날마다 끊임없이 벌어지는 국부적인 전쟁과 비도덕적이고 비인도적인 행위가 날로 고조되어 가고 있는 실정이다. 이렇게 더욱 잔인해져 가고 있는 昨今의 실태를 볼 때, 이는 아마도 인간이 精神喪失症에 감염이 되어 벗어나지 못하고 있는 현상이 아닐까라고 여겨진다. 이러한 때 인간의 상실된 정신을 찾아주고 올바른 인생의 正道를 걸어갈 수 있도록 그 처방과 치료의 역할을 할 수 있는 것이 『亞山의 大學講義』라고 확신한다. 독자들은 이 책을 통하여 세상의 혼란을 이해하고 처리할 단서를 발견하게 될 것이라 여긴다.

아무쪼록 많은 이의 성원과 질책을 바라고 직접 편집을 맡아준 도서출판 小康의 김병성 사장과 직원 여러분께 심심한 감사를 드리며 또 전국에 살고 있는 우리 亞山學會員들과 함께 亞山學術叢書 제2집의 출간을 기뻐하며 아울러 돌아가신 아버님의 靈前에 삼가 이 小册子를 바치고자 한다.

丙子年 剝月
不肖生 珍圭 盥手拜 謹識

大學

大學 總論

    小學 － 少人之學 － 8세부터 － 言行禮節教育(基礎) － 形而下學
    大學 － 大人之學 － 15세부터 － 初學入德之門   － 形而上學

1. 『大學』과 『中庸』은 『禮記』 중에서 뽑아 내어 이를 『四書』에다 넣은 것인데 宋代에 程頤(程伊川)가 이를 단행하였고, 朱子(熹)가 이에 註釋을 章句에 붙임으로써 현재와 같은 독립된 경전인 『대학』이 되었다.
2. 『대학』의 구성은 『禮記』에 들어 있는 「大學古本」을 뽑아 내어 『四書』에 넣으면서 '經文'과 '傳文'으로 갈랐다. 또 이것을 내용별로 보면, 經文의 골자는 三綱領과 八條目으로 되어 있다.

    三綱領: 明明德・新民・止於至善   － 上學
    八條目: 平天下・治國・齊家・修身・正心・誠意・致知・格物 － 下學

傳文은 『시경』, 『서경』, 『격언』, 『속담』 등을 인용하여 經文의 大義를 해설하고 부연하였고 形而下學的인 문장으로 구성되어 있다.
『대학』의 經文은 205字, 傳文은 1,751字로 엮어져 있으며, 『서경』에서 7편

(구절)을, 『시경』에서 12편(구절)을 인용하여 해설하였다.

經文 — 道 — 上學 — 總論格
傳文 — 德 — 下學 — 各論格

經文은 공자의 사상을 曾子가 述한 것이고, 傳文은 經文의 해설로써 증자 글을 그 門人들이 述한 것이라 한다.

3. 『대학』은 修己와 治人의 양자를 교묘히 이론적으로 관계 지운 명저라 할 수 있다. 또 한 측면으로 『대학』은 다른 四書의 세 가지 정신을 통합하고 있다고 볼 수 있다.

『대학』이 제시한 三綱領에다 다른 경전을 비교해 본다면 다음과 같이 말할 수 있다. '明明德'은 『중용』의 정신이고, '新民'은 『맹자』의 정신이며, '止於至善'은 『논어』의 정신이라고 할 수 있겠다.

4. 대학은 書名으로서의 大學일 뿐만 아니라, 小學에 대칭되는 말로 고등교육 기관으로써 最高學部(府)의 범칭으로 현재의 대학과 같은 성격을 가지고 있다. 우리 나라에서 그 자취를 찾아보면 신라 시대는 國學(太學監), 고려 시대는 國子監(國學), 조선 시대는 成均館 등이 역시 이 제도라고 할 수 있다.

5. 『대학』을 經으로 삼고, 『중용』을 緯로 삼아서 공자의 손자인 子思가 『대학』과 『중용』을 지었다는 설이 있으나, 어쨌든 『대학』은 『중용』과 더불어 經典임에는 틀림없는 사실이다. 『대학』은 유교 실천 철학의 方法書이자 德治主義의 한 개론이라고 하겠다. 따라서,

『대학』 — 人事 즉, 治理의 방법을 논한 것이 특색 — 외부에서 내부로
『중용』 — 天道 위주로 논한 것이 특색　　　　　　— 내부에서 외부로

『대학』 — 敬 — 人道 — 入德之門 — 儒家政治哲學 — 形而上中下學
『중용』 — 誠 — 天道 — 天人論　 — 儒家人生哲學 — 形而上中上學

그러므로 『대학』을 먼저 공부하고, 나중에 『중용』을 공부하게 되는 것이다.

각 경전을 공부해 가는 순서를 말하자면 『대학』→『논어』→『맹자』→『중용』이 된다.

6. 朱子가 『대학장구』를 지어서 정리한 것과 같이 『也山先生文集·坤卷』에 「大學錯簡攷正敍記」와 「大學錯簡攷正章句大典」이 있으니 참고 바란다. 이 편은 經文의 몇 구절과 傳文이 착간되었다고 해서 也山선생이 攷正한 것이다. 節도 순위 변경을 많이 하였다. 그러나 내용의 해설 기준만이 착간이 있는 것이지, 담고 있는 내용적 측면에서 볼 때 『대학』은 우리 인간이 꼭 익히고 실천해야 할 경전임에는 틀림없다.

『童蒙先習』의 영조 대왕 서문에 나오는 글로 결론 삼아 보면 "『大學』의 요긴한 뜻은 곧 '敬'字라 할 수 있고, 『中庸』의 요긴한 뜻은 곧 '誠'字라 할 수 있다. 誠과 敬은 역시 학문에 있어서 車의 양 바퀴, 새의 양 날개와도 같은 것이니라"고 했다.

英祖大王[1] 御製序

夫三代盛時에 **設庠序學校而教人**하니 **此正禮記所云**ㅣ **家有塾黨有庠州有序國有學者也**ㅣ라

　대저 三代의 盛한 때[2]에는 庠과 序와 學校를 설립하여서 사람을 교육시키니, 이것이 바로(正) 『禮記』에서 이른바 '집에는 塾이 있고 黨에는 庠이 있고 州에는 序가 있고 國(나라;중앙)에는 學이란 것이 있다'고 했다.

　　・御製: 임금이 만들거나 지은 글을 뜻한다.
　　・庠序(序庠; 庠校): 고대 중국의 초등학교.
　　※庠生: 옛날 중국의 府,懸立 학교의 학생.

[설명] 영조대왕이 성균관에서 親講할 때 그 날이 주자가 서문을 쓴 날과 일진(甲子)이 같았다. 이것이 계기가 되어 서문을 썼다. 이 서문을 통해 대왕의

---

1) 조선의 제21대 임금으로서 조선시대 후반에 문물의 중흥을 이룬 임금이다.
2) 夏・殷・周의 三代 전성시대를 뜻함.
御:드릴 어 製:지을 제 夫:발어사 부 盛:성할 성 設:베풀 설 庠:학교 상 序:차례 서 塾:글방 숙 黨:무리 당 縣:고을 현

덕을 알 수 있고, 또한 대왕의 경전 실력이 대단함을 추단할 수 있다. 문장이 간결하면서도 이해하기 쉽도록 되어 있으며 문장 구성도 잘 되어 있다.

故로 人生八歲어던 皆入小學하고 於大學則天子之元子衆子와 以至公卿大夫元士之適子와 與凡民之俊秀者ㅣ 及其成童하야 皆入焉하니 可不重歟아

  그러므로 사람이 나서 여덟 살이 되면 모두 小學에 들어가고 大學에 들어가는 것은 天子의 맏아들과 지차 아들과 公卿, 大夫, 元士의 適者들과 일반 백성 중 준수한 사람들에게 이르기까지 그 成童에 이르면 모두 대학에 들어가니 가히 무겁지(중요하지) 아니한가?

    · ~ 以至 ~ : ……에 이르기까지.
    · 公卿, 大夫, 元士: 일반 백성보다 윗계급의 사람.
    · 凡民: 일반 백성.
    · 成童: 15세의 아이.

- 與凡民之俊秀者ㅣ: 일반 백성 중 준수자만이 대학에서 공부하였음을 보면 이 당시 교육 체제가 보통 교육 이념을 근간으로 하는 지금의 교육 체제와 다름을 알 수 있다.
- 可不重歟아: 대학이 중요하다는 뜻이다.

[참고]

과거의 교육 체제

개인·가족의 교육: 私塾[3]
府, 縣, 州의 지방 교육: 庠序
나라의 중앙 교육: 太學館 - 學校

---

3) 私塾과 달리 義塾은 공익을 목적으로 의연금을 모아 설립한 교육 기관이다.
皆:다 개 於:어조사 어 以:써 이 至:이를 지 卿:벼슬 경 適:갈 적 與:줄 여 凡:모두 범 俊:뛰어날 준 秀:빼어날 수 焉:어조사 언 重:무거울 중 歟:어조사 여

大學之書에 有三綱焉하니 曰明明德과 曰新民과 曰止於至善也ㅣ오 有八條焉하니 曰格物과 曰致知와 曰誠意와 曰正心과 曰修身과 曰齊家와 曰治國과 曰平天下也ㅣ라

 대학의 책에는 三綱領이 있으니 그것은 말하자면 明明德이며 新民이고 止於至善이라고 할 수 있다. 八條目이 있으니 그것을 말하자면 格物, 致知, 誠意, 正心, 修身, 齊家, 治國, 平天下이다.
 ・綱領: 으뜸되는 줄거리. 근본이 될 수 있는 것.

[설명] 대학의 내용은 三綱에 있으며 이 三綱을 八條目으로 나누어 설명한 것이라 할 수 있다.

次序ㅣ 井井하고 條理方方하며 其學問之道는 紫陽朱夫子序文에 詳備하니 以予蔑學으로 何敢加一辭ㅣ리오 然이나 是書ㅣ 與中庸으로 相爲表裏하야 次序條理ㅣ 若是瞭然호대 而學者는 其猶書自書我自我하니 可勝歎哉아

 〈대학이〉次序가 井井하고 條理가 方方[4]하며 그 학문의 道는 紫陽朱夫子序文(「大學章句序」)에 상세하게 갖추어 있으니 나의 배움이 없음으로 어찌 감히 한 마디 말을 보탤 수 있으리오. 그러나 이 책이 『중용』과 더불어 서로 表와 裏가 되어 차서와 조리가 이와 같이 명백하되 그런데도 배우는 자가 그 오히려 책은 스스로 책이고 나는 스스로 나가 될 것 같으면, 탄식함을 가히 이기지 못하겠는가?
 ・次序: 내용상의 구성.
 ・井井: 조리가 바르다. 질서가 정연하다.
 ・方方: 뚜렷하게 나타나 있는 것.
 ・瞭然: 명백한 모양. 분명한 모양.

---

[4] 往來井井(『周易』 ䷯ 水風井卦), 至精而德方(『周易』 ䷁ 重地坤卦)의 글귀에서 따온 말로 대자연의 이치를 담고 있다는 뜻이다.
綱:벼리 강 止:머무를 지 格:바로 잡을 격 致:보낼 치 齊:가지런할 제 紫:자주빛 자 詳:자세할 상 蔑:업신여길 멸 裏:속 리 是:옳을 시 瞭:밝을 료 猶:오히려 유 歎:읊을 탄 哉:어조사 재

- **以予蔑學으로**: 나의 학문이 부족한 사람이.
- **表裏하야**: 밖과 안의 뜻으로 『대학』이 表가 되고, 『중용』이 裏가 된다.
- **書自書我自我하니**: 책은 스스로 책이고 나는 스스로 나로서 배운 대로 실천하지 아니한다.
- **可勝歎哉아**: 탄식하지 않을 수 없다.

噫(희)라 明德이 在何오 卽在我一心이오 明明德之工은 在何오 亦在我一心이니 若能實下工夫은데 正若顏子所云ㅣ 舜何人余何人者也ㅣ라

아! 밝은 덕(明德)이 어디에 있는고? 곧 내 한마음에 있고, 밝은 덕을 밝히는(明明德) 공부는 어디에 있는고? 또한 내 한마음에 있으니, 만약에 능히 실로 공부를 아래로 내린다는 것은, 바로(正) 顏子가 말했듯이 "순임금은 어떤 사람이고 또 나는 어떤 사람인고"와 같이 해야 한다.

- 噫: 아! 하고 탄성을 나타내는 것. 감탄사. '총체적으로 말해서'의 뜻도 있다. 여기에 쓰인 噫와 같은 용례를 들면, 다음과 같다.
  - 예) 易之爲書也ㅣ 原始要終하야 …… 噫라 亦要存亡吉凶인댄 則居可知矣어니와 (『周易』「繫辭下傳」)
    주역의 글됨이 일의 시초를 깊이 궁구하고 始를 근본으로 하여 終을 필요로 하는 것이다. …… 아! 存과 亡, 吉과 凶 등(모든 사물에 대한 것)을 필요로 한다면 居해서(卦辭와 爻辭에서) 가히 알 것인데,

- **明德이 ~ 在我一心이오**: 天賦之性을 가리킨다.
- **明明德之工은 ~ 在我一心이니**: 본성을 찾으려고 노력하는 것.
- **下工夫은데**: 어려운 공부를 열심히 하는 것.
- **舜何人余何人者也ㅣ라**: 순임금과 같은 훌륭한 사람도 공부하고 노력해서 성인이 되었으니, 나도 그처럼 노력하고 최선을 다하면 성인이 될 수 있다는 뜻이다.

噫:탄식할 희 我:나 아 若:같을 약 能:능할 능 顏:얼굴 안 舜:순임금 순 余:나 여 何:어찌 하 賦:받을 부

而三代以後로 **師道**ㅣ **在下**하고 **學校**ㅣ **不興**하야 **莫能行灑掃之敎**ㅣ **故**로 **筋骸**ㅣ **已强**하고 **利欲**ㅣ **交中**하야 **在我之明德**을 **不能自明**이라

 그런데 三代 이후로는 師道가 아래에 있고 학교가 일어나지 않아서 능히 灑掃의 가르침을 행하지 못했다. 이 때문에 근육과 뼈가 이미 굳어졌고 私益과 욕심이 마음 가운데에 가로놓여 있으므로 나에게 있는 밝은 덕을 능히 스스로 밝히지 못하는 것이다.

  · 灑掃: 물을 뿌리고 비로 쓰는 일.
  · 筋骸: 근육과 뼈.

● 師道ㅣ 在下하고: 師道가 땅에 떨어져 경시되고.
● 筋骸ㅣ 已强하고: 신체적으로 굳어져서 공부하기가 어렵다는 것(形而下).
● 利欲ㅣ 交中하야: 마음 속에 물욕이 교차되어 공부하기가 어렵다는 것(形而上).

旣不能格致하니 **又何以誠意**며 **旣不能正心**하니 **又何以修身**〈이리오〉 **不能格致**하며 **不能誠正**하니 **家齊國治**를 **其何望哉**아

 이미 능히 格物致知를 하지 못하니 또 어찌 무엇으로써 뜻을 정성스럽게 할 것이며, 이미 능히 마음을 바루지 못하니 또 어찌 무엇으로써 몸을 닦으리오. 능히 格物致知도 못하고 능히 誠意正心도 못하니 집안이 가지런하고 나라가 다스려지는 것을 그 어찌 바라겠는가?

[설명] 윗문장은 영조대왕의 謙辭가 담긴 글이다. 그러나 이 문장에서 대왕이 많은 공부가 되어 있음을 알 수 있다.

予於十九歲에 **始讀大學**하고 **二十九歲**에 **入學也**하야 **又講此書而自顧其行**이 **其亦書自我自**라 **心常惡焉**이러니 **六十三**에 **視學明倫堂也**할새 **先**

師:스승 사 興:일 흥 莫:저물 모 灑:뿌릴 쇄 掃:쓸 소 筋:힘줄 근 骸:뼈 해 何:어찌 하 哉:어조사 재 謙:겸손할 겸 予:나 여 又:또 우 講:익힐 강 顧:돌아볼 고 亦:또 역 惡:부끄러울 뉵

讀序文하고 **仍令侍講官**과 **及儒生**으로 **次第以講**하니 **其日**은 **即甲子也**ㅣ라

내가 열 아홉살에 비로소 『대학』을 읽고 스물 아홉살에 學에 들어가서 또 이 책(『대학』)을 講하되 스스로 돌아보건대, 그 행동이 그 또한 책은 책, 나는 나라, 마음에 항상 부끄러움이 드니 예순 셋에 명륜당의 학문을 시찰할새 먼저 서문을 읽고 인하여서 侍講官 및 儒生으로 하여금 순서로써 講을 하게 하니 그 날이 곧 甲子日이다.

- 學: 경연관에 들어 학문을 한다는 뜻이다.
- 恧焉: 부끄러워하는 모양.
- 侍講官: 임금을 모시고 강연하는 관리.
- 次第: 순서. 차례.

[설명] 위의 문장은 영조대왕이 열 아홉살부터 스물 아홉살에 이르기까지 공부가 제대로 되지 못한 자신의 일을 겸허하게 말한 대문이고, 대왕이 예순 세살 때 성균관에서 視講하던 날(甲子日)이 바로 朱子가 『대학』의 서문을 甲子日에 쓴 날과 같아 이 글을 쓴다는 것이다.

與朱夫子作序文之日로 **偶然相符**하니 **日雖相符**ㅣ나 **功效**는 **愈邈**일새 **尤切峴然**이더니 **望七之年**에 **因追慕行三講而欲取反約**하야 **以中庸**으로써 **循環以講**하고 **因經筵官之請**하야 **繼講此書**하고 **自此以後**로는 **庸學**을 **將輪回以講**하니 **少時講此**에 **未見其效**하고 **暮年**에 **重講**하니 **其何望效**리요 **尤爲慨然者**라 **紫陽序文**에 **豈不云乎**ㅣ아

朱夫子가 서문을 지은 날과 더불어 우연히 서로 부합이 되니, 날짜는 비록 서로 부합이 되나 공부한 효과는 더욱 멀고 멀새, 더욱 절실히 부끄럽더니 일흔을 바라보는 해(칠순)에 추모함에 인해서 三綱을 행하고 反約을 취하고자

仍:인할 잉 侍:모실 시 及:미칠 급 即:곧 즉 與:줄 여 偶:짝 우 相:서로 상 符:꼭 맞을 부 雖: 비록 수 功:공 공 效:본받을 효 愈:더욱 유 邈:멀 막 尤:더욱 우 切:끊을 절 峴:부끄러울 전 因:인할 인 追:쫓을 추 慕:그리워할 모 約:묶을 약 筵:대자리 연 請:청할 청 繼:이을 계 庸: 쓸 용 將:장차 장 輪:바퀴 륜 暮:저물 모 慨:슬플 개 豈:어찌 기 乎:인가 호

해서 『중용』으로써 순환을 하여 講하고, 경연관의 講함에 인해서 계속하여 이 책을 講하고 이로부터 이후로는 『중용』과 『대학』을 장차 돌아가면서 講하니 젊었을 때(19세) 이를 講함에 그 功效를 보지 못하고 나이 늙을 때에 거듭 講하니 그 어찌 효과를 바라리요. 〈그러니〉 더욱 슬퍼하는 것이다. 주자의 서문에 어찌 이르지 아니하였는가.

- 反約: 반추하고 요점을 약하는 것. 요약.
- 庸學: 『중용』과 『대학』.
- 暮年: 늙은 나이에.
- 功效: 공부한 효과.
- 慨然: 슬픈 탄식을 하는 모양.
- 紫陽: 朱夫子를 이르는 말로 주자가 태어난 곳이며 紫陽書院이 있다.

● 紫陽序文에 豈不云乎 ㅣ 아: 주자의 서문에 이러한 말이 있지 아니한가.

一有能盡其性者 ㅣ면 **天必命之**하야 **以爲億兆之君師**라하니 **以予晚學凉德**으로 **旣無誠正之工**하고 **亦無修齊之效而白首衰耗**에 **三講此書**하니 **豈不自惡乎**아

한결같이 그 성〈품〉을 능히 다하는 자가 있으면 하늘이 반드시 그에게 命하여 억조창생 생민의 임금이나 스승으로 삼는 바라 한다. 나의 늦은 배움과 덕이 없는 사람으로서 이미 誠意正心하는 공부가 없었고, 또한 修身齊家하는 효과도 없었는데 다 늙음(白首衰耗)에 이 책을 세 번 講하니 어찌 스스로 부끄럽지 아니하겠는가?

- 凉德: 덕이 서늘하다. 즉, 덕이 없다는 뜻이다.
- ~乎: 의문사로써 긍정적인 것에 쓰인다.

盡:다될 진 必:반드시 필 晚:저물 만 凉:서늘할 량 衰:쇠할 쇠 耗:다할 모

然이나 孔聖이 云溫故而知新이라하니 若能因此而知新이면 於予에 豈不大有益也哉나 仍作序文하야 自勉靈臺하노라 歲戊寅十月甲寅序하노라

　　以洪武正韻體로 命書라[5]

　그러나 공자께서 이르시기를 "옛 것을 익혀서 새 것을 안다"고 하셨으니, 만약에 능히 이것으로 인하여 새로운 것을 안다면 나에게 어찌 크게 이익이 있지 아니하겠는가. 인하여 서문을 지어서 스스로 靈臺를 힘쓰게 하노라. 해로써는 무인년 시월 갑인일에 서하노라.

　　홍무정운체로써 글을 쓰도록 명하노라.
　·靈臺: 마음을 뜻한다.

[참고] 문장의 미진한 해석은 각자가 연구하여 보충하도록 하고, 현토는 다른 이와 대동소이하다. 현토는 그 뜻이 통하도록 하면 되는 것이니 사람마다 약간 다를 수도 있다. 참고하길 바란다.

---

5) 이 문장은 『原本備旨』에 작은 글씨로 쓰여 있음. 이 구절은 대왕의 서문에 들어가는 말이 아니라 책을 출간할 때 이렇게 하라고 명령한 내용이다.
溫:따뜻할 온 故:옛 고 豈:어찌 기 哉:어조사 재 勉:힘쓸 면 靈:신령 령 臺:돈대 대

大學章句序[1]

大學之書난 **古之大(太)學**에 **所以敎人之法也**ㅣ라 **蓋自天降生民**으로 **則旣莫不與之以仁義禮智之性矣**언마난

　『대학』이란 책은 옛날 太學에서 사람을 가르치던 所以의 방법이다. 대개 하늘이 生民을 내리신 이래로 이미 그들에게 仁·義·禮·智의 性〈品〉을 주지 않은 것이 없건마는,

　· 大學: 태학관. 현재의 고등 교육 기관.
　· 所以: 일의 까닭, 이유.
　· 蓋: 대개 개. 盖와 같음. 盖는 蓋의 俗字.
　· 生民: 사람.

---

[1] 이 『大學章句序』는 朱子의 序文으로써 한마디로 말하면 『대학』이 걸어 나온 역사라고 할 수 있고 변천사라고도 할 수 있는 것이다. 따라서 이 서문은 『대학』이 담고 있는 내용과 인간과의 관계를 소상하게 말하여 주고 있다. 또 이 서문에서 주자가 후생을 위하여 진력하게 된 賢人 주자의 뜻을 알 수 있는 문장이기도 하다. 그리고 서문이란 책의 내력, 차례와 내용이 앞으로 어떻게 될 것인가를 밝힌 글이다. 그러므로 서문만 읽어 보면 책의 내용을 대략 알 수 있다. 책머리에 붙이는 것이 序文이고, 책 말미에 붙이는 것은 跋文이다. 그래서 跋文을 後序라고도 한다. 跋文도 序文과 성격이 비슷하다.

所:바 소 自:스스로 자 降:내릴 강 旣:이미 기 莫:저물 모 與:줄 여 性:성품 성 矣:어조사 의

- 自: ~로부터, ~ 이래로.
- 旣: 이미 ~을 하다.

● 旣: 이미 天賦之性으로 仁·義·禮·智를 사람마다 가지게 되었다는 뜻이 내포되어 있다.
● 莫不與之: 부정의 부정이므로 긍정이 된다. 그들에게 주지(與之) 않음이 없다(莫不). 하늘이 사람마다 天性的으로 仁義禮智의 성품을 골고루 주었다는 것이다. 朱子가 말하기를 "사람은 처음 태어날 때부터 天命으로 仁義禮智의 四德을 품수하였다"고 했다. 즉, 天性의 本體에는 仁則 温和慈愛의 도리, 義則 斷制裁割의 도리, 禮則 恭敬撙節의 도리, 智則 分別是非의 도리가 있다. 그리고 맹자가 말한 四德이 발단되는 마음의 초점을 『孟子』「公孫丑·上」에서 살펴보면 다음과 같다.

예) 惻隱之心은 仁之端也요 羞惡之心은 義之端也요 辭讓之心은 禮之端也요 是非之心은 智之端也니라.
　　측은지심은 仁의 단서요, 수오지심은 義의 단서요, 사양지심은 禮의 단서요, 시비지심은 智의 단서이다.

여기서 仁·義·禮·智는 性也 → 形而上이고, 惻隱·羞惡·辭讓·是非는 情也 → 形而下가 된다. 또한 元亨利貞은 天道로써 形而上의 形而上이 되며, 春·夏·秋·冬은 地道이고 仁·禮·義·智는 人道인데 이 둘은 形而上의 形而下가 된다. 따라서 『대학』은 人道(教人之法)에 대한 설명이므로 形而下學을 담은 내용이다.

然이나 **其氣質之稟**이 **或不能齊**ㅣㄹ새 **是以**로 **不能皆有以知其性之所有而全之也**ㅣ라

〈仁·義·禮·智의 性品을 다 주었지만〉 그 氣質의 타고난 性〈品〉이 혹(또) 한결같을 수는 없는 것이다. 이 때문에 능히 모든 사람들이 모두 그 性

裁:마를 재 割:나눌 할 恭:공손할 공 敬:공경할 경 是:옳을 시 惻:슬퍼할 측 隱:숨길 은 端:바를 단 羞:바칠 수 惡:미워할 오 辭:말 사 讓:사양할 양 質:바탕 질 稟:줄 품 齊:가지런할 제

〈品〉이 지닌 바(仁·義·禮·智)를 깨달아서 그것(四德)을 온전히 가지지 못한다.

· 氣質: 사람이 현실 생활을 하는 데 나타나는 淸濁, 偏全, 剛柔, 知愚와 같은 여러 가지 形而下의 다른 본질.

- 或不能齊ㅣㄹ새: 혹 능히 가지런하지 아니하다. 즉, 이 지구상에는 오십 억 인구가 살지만 각 사람마다 성품이 같지 아니하다는 뜻이다.
- 不能皆有~: 능히 다 가지지 못하는 것이다.
- ~以知其性之所有~: 그 성품의 지닌 바를 깨달아서. '性之所有'는 곧 인·의·예·지를 말한다.
- 全之也ㅣ라: 온전하게 하는 것. 즉, 인·의·예·지를 깨달아 온전하게 가지려는 것을 말한다.

[설명] 天賦之性이 한결같이 고르지 못하기 때문에 각각 자기가 가지고 있는 성품을 못 깨달아 온전하게 지니지 못한다는 것이다.

一有聰明睿智ㅣ 能盡其性者ㅣ 出於其間則天必命之하사 **以爲億兆之君師**하사 **使之治而敎之**하야 **以復其性**케하시니

한결같이(一;惟精惟一) 총명하고 예지하여 능히 그 성〈품〉을 다하는 자가 그들 가운데 출현하면, 하늘이 반드시 그에게 명하여 억조 만백성의 임금이나 스승으로 삼아서, 그로 하여금 다스리게 하고 또 가르치게 하여 그 본성을 회복하게 하시니,

· 有: 또. 又와 같음.
· 聰明: 외부적으로 나타나는 것. 슬기롭고 도리에 밝음. → 형이하
· 睿智: 내부적으로 생각하고 슬기로운 것. 마음이 밝고 생각이 뛰어나게 지혜로움. → 형이상

- 能盡其性者ㅣ: 능히 그 인·의·예·지의 천부지성을 다 가지고 온전하게 행하는 자. 이는 곧 聖人을 뜻한다.

聰:총명할 총 睿:깊고 맑을 예 盡:다될 진 命:목숨 명 師:스승 사 使:하여금 사 復:회복할 복

- 以爲億兆之君師하사: 억조창생 생민의 임금이나 스승으로 삼아서.
- 治而教之하야: 君으로 하여금 治之하고(外王-君-治), 師로 하여금 教之하게 한다(內聖-師-教).
- 以復其性케하시니: '治而教之'한 결과로써 天賦之性(本性)을 회복하게 한다는 것이다. '以復其性'한 자가 곧 伏羲·神農·黃帝·堯·舜이라는 것이다.

此ㅣ 伏羲神農黃帝堯舜所以繼天立極하야 而司徒之職과 典樂之官을 所由設也ㅣ시니라

이로써 伏羲·神農·黃帝·堯·舜이 하늘의 뜻을 이어 받아 皇極을 세우니 司徒의 직책과 典樂의 벼슬이 설치되었던 연유라 할 수 있을 것이다.

- 司徒: 일반 백성들을 교도하는 직책을 맡은 벼슬이니 요즘의 문교(교육)부 책임자에 해당한다.[2]
- 典樂: 歌樂을 수단으로 해서 冑子를 교화시키는 관원을 말한다.

- 繼天立極하야: 天子의 位에 오르는 것. 天命을 계승하고 만민의 표준을 세우는 것. 곧 聖人이 천명을 받아 天子位에 올라 그 자신이 인간의 最高典範으로써 백성들에게 不易의 準則(法度)을 제시해 줌을 말한다.

```
                     ┌ 繼天立極
上古時代의 天命思想傳授 ┼ 자연 숭배 사상
                     └ 人乃天 사상
```

---

[2] 三八政에는 一曰 食, 二曰 貨, 三曰 祀, 四曰 司空, 五曰 司徒, 六曰 司寇, 七曰 賓, 八曰 自師가 있다. 여기서 司空은 현재의 내무 행정과 상공이고, 司徒는 문교(교육)이고, 司寇는 법무, 경찰과 법원의 업무를 주관한다.
惟:생각할 유 伏:엎드릴 복 羲:사람이름 희 繼:이을 계 極:다할 극 徒:무리 도 職:벼슬 직 冑:맏아들 주 範:법 범 準:수준기 준 度:법도 도 汝:너 여 司:맡을 사 敷:펼 부

- 所由設也ㅣ시니라: 司徒와 典樂의 벼슬이 그에 의하여 설치된 것이다. 司徒와 典樂에 대한 쓰임을 『書經』에서 찾아 보자.
  예1) 契아 汝作司徒니 敬敷五教하되 在寬하라 (舜傳)
    〈순임금이〉 설이라는 신하로 하여금 사도의 벼슬에 봉하면서 五教(五倫·五常)를 공경하여 펴되 백성들에게 너그럽게 하라고 하였다.
  2) 夔야 命汝하야 典樂하노니 教胄子하되 (舜傳)
    〈순임금이〉 기에게 명하기를 "너에게 음악(가악)을 맡게 하노니 주자를 가르치되,
    · 胄子: 한집의 대를 이어 나갈 후계자. 나라의 후일을 맞게 될 청년들.

三代之隆에 **其法**이 **寖備 然後**에 **王宮國都**로 **以及閭巷**이 **莫不有學**하야 **人生八歲**어던 **則自王公以下**로 **至於庶人之子弟**ㅣ **皆入小學**하여 **而教之以灑掃應對進退之節**과 **禮樂射御書數之文**하고

  三代가 융성할 적에 그 법도가 점점 갖추어졌으니, 그런 뒤에 임금의 궁실과 도읍으로부터 閭巷에 이르기까지 학교가 없는 곳이 없어, 사람이 나서 여덟 살이 되면 곧 王公에서부터 庶民의 子弟에 이르기까지 모두 小學校에 들어가게 하여 물뿌리고 쓸고, 응대하고 나아가고 물러가는 절차며 禮·風流·활 쏘는 것·말 타는 것·글씨 쓰는 것·산수(禮·樂·射·御·書·數)의 글을 가르치고,
    · 三代之隆: 夏·殷·周 三代의 극성기를 뜻한다.
    · 王宮國都: 王宮은 천자가 있는 中原, 國都는 제후국의 수도를 가리킨다.
    · 閭巷: 시골의 里洞.
    · 學: 공부하는 교육 기관을 뜻한다.

- 王宮國都로 以及閭巷이: 나라의 방방곡곡 온 지역 전체를 뜻한다.
- 皆入小學하여: 『소학』을 배우도록 하는 것. 이것을 본받아서 일본은 초등학교를 소학교로 개칭하였다.

隆:융성할 륭 寖:점점 침 備:갖출 비 閭:이문 려 巷:거리 항 灑:뿌릴 쇄 掃:쓸 소 應:응할 응 射:궁술 사 御:어거할 어 夔:조심할 기

- 灑掃應對進退之節과: 사람이 사람다운 생활을 하고 사람다운 올바른 행동을 하는 방법이 이러한 것이며, 기초적이고 기본적인 예의와 절도를 뜻하는 것이다. 이 문장은 『소학』에 들어 있다.

  예) 灑掃應對進退之節과 愛親敬長隆師親友之道하니 所以爲修身齊家治國平天下之本이니 (「書題」)

  〈옛날에 소학에서는 사람들에게〉 물뿌려 소제하는 일과 남의 말에 응대하는 법과, 몸가지는 절도와, 어버이를 사랑하고 어른을 공경하며, 스승을 높이고 벗과 친하는 도리를 가르쳤다. 이것은 모두 몸을 닦고 집안을 가지런히 하며, 나라를 다스려서 세상을 화평하게 하는 일의 근본이 되는 것이다.

  - 愛親: 부모를 아낀다.
  - 敬長: 윗어른을 공경한다.
  - 隆師親友之道: 스승을 존경하고 벗을 가까이 사귀는 도리.
  - 修身齊家治國平天下: 몸을 닦고(선비), 집안을 가지런히 하고(大夫), 나라를 다스리고(諸侯), 천하를 화평하게(天子) 한다.

  [설명] '灑掃應對進退之節' → 形而下學, '愛親敬長隆師親友之道' → 形而上學으로서 공부하는 단계를 나타내며 이것의 결과로서 '所以爲修身齊家治國平天下之本'이 된다. 즉, 이 결과는 『대학』의 정신이기도 하다.

- 禮樂射御書數之文하고: 이는 六藝를 지칭하는 것인데, 『六經』과 同意로 사용되기도 한다. 『六經』은 詩, 書, 藝, 樂, 易, 春秋를 뜻한다.

及其十有五年이어든 **則自天子之元子衆子**로 **以至公卿大夫元士之適(嫡)子**로 **與凡民之俊秀**가 **皆入大(太)學**하야 **而敎之以窮理正心脩己治人之道**하니 **此又學校之敎**ㅣ **大小之節**이 **所以分也**ㅣ라

節:예절 절 長:어른 장 隆:클 륭 藝:심을 예 衆:무리 중 元:으뜸 원 適:맞을 적 嫡:정실 적 窮:다할 궁 分:나눌 분

나이 열 다섯 살에 이르러서는 곧 천자의 맏아들과 여러 아들로부터 公·卿·大夫·元士의 適子와 일반 백성의 俊秀한 자에 이르기까지 모두 太學에 보내어 그들에게 이치를 궁구하고 마음을 바르게 하고 자신의 몸을 닦고 사람을 다스리는 도리를 가르쳤으니, 이는 또 학교의 교육에 大小의 절차로 나뉘게 된 이유이다.

- 有: 有는 又(또)와 같다.『주역』「계사상전」의 '天數ㅣ 二十有五ㅣ오 地數ㅣ 三十이라'[3]의 '有'와 그 쓰임이 같다.
- 適子: 嫡子. 正室의 아내가 낳은 아들.
- 自~, 至~: 어떤 한계를 이야기한 표시다.
- 元子: 대통을 이어 나갈 아들. 세자로 책봉된 사람.
- 衆子: 원자 이외의 천자의 아들. 맏아들 이외의 모든 아들.
- 元士: 천자의 上士다. 上士는 선비 가운데 어진 사람을 이르는 말이다. 그런데 여기서의 元士는 공경 대부 밑의 벼슬을 뜻한 것이 아니겠는가?

● 與凡民之俊秀이: 일반 백성 중의 뛰어난 자녀를 두고 한 말이다.
〔설명〕소학에 있어서는 간단한 예의범절에 그쳤으나, 대학에 있어서는 이치를 궁구하는 理學, 마음을 바르게 하는 道學, 자기를 닦고 남을 다스리는 政治學 등을 가르쳤다. 위와 같이 節目과 내용 등이 대학과 소학으로 분별되는 이유라는 것이다. 즉,『대학』은 '窮理正心修己治人之道學'이다.

夫以學校之設이 **其廣**이 **如此**하고 **教之之術**이 **其次第節目之詳**이 **又如此**하니 **而其所以爲教則又皆本之人君躬行心得之餘**ㅣ오 **不(불)待求之民生日用彝倫之外**ㅣ라

대체로 학교의 설치에 있어서 그 광범함이 이와 같고, 그 가르치는 방법에

---

3) 하늘의 수는 20하고 또 5이고, 땅의 수는 30이다.
廣: 넓을 광 術: 꾀 술 目: 조목 목 詳: 자세할 상 躬: 몸 궁 餘: 남을 여 待: 기다릴 대 彝: 떳떳할 이 倫: 인륜 륜

있어서 그 차례와 節目의 자세함이 또 이와 같고, 그 교육의 내용에 있어서는 또한 모두 백성의 임금으로서 몸소 행하고 마음으로 체득한 나머지에 모두 근본하고, 백성의 일상 생활에서 날로 쓰는 彝倫(天倫) 밖의 것을 구하기를 기대하지 않았다.

・彝倫: 常理. 天倫. 사람으로서 떳떳이 지켜야 할 도리.

- 夫以學校之設이 其廣이 如比하고: 앞에서 말한 문장에 의하면 대학에 들어올 수 있는 자격을 광범위하게 열어 놓았다는 뜻이 아니겠는가? 즉, 원자, 중자를 비롯하여 일반의 뛰어난 자제에 이르기까지. 〔입학 자격〕
- 敎之之術이: '敎之'의 '之'는 배우려고 하는 사람을 뜻한다.
- 其次第節目之詳이 又如此하니: 〈실제로 교육시키는 방법에 있어서는…〉 무엇부터 어떻게 교육시킬 것인가라는 차례와 절목이 상세하게 되어 있는 것 바로 이것을 말한다. 〔교과 과정〕
- 人君躬行心得之餘 ㅣ오: 人君(천자)이 몸소 실천 터득한 것. 곧 그저 머리에서만 생각한 것이 아니고 체험적으로 마음에 터득한 것(근본한 것).
- 不待求之~: 오륜 속에 모든 것이 내포하고 있다.
- 民生日用彝倫之外 ㅣ라: 교육이란 백성들의 일상 생활에서 날로 쓰는 常理를 가르치는 것이지, 이것 이외를 교육시키는 것은 불필요하다는 것이다. 따라서 당시에는 五常五倫之道의 학문을 많이 연구하게 되었다. 〔교과 내용〕

　　여기서 '彝倫'을 다시 설명하여 보자. 彝倫이란 五倫의 倫氣를 떳떳이 지켜 나가는 도리다. 이는 대자연의 이치에 따라서 다섯 가지가 나오게 되고 지켜나가지 않으면 아니 된다. 충성과 효도는 天倫임으로 당연히 해야 하는 것이며 그 밖에 부부 간의 사랑, 敬老, 有信도 위와 같이 마땅히 행해야 하는 倫氣가 존재하는 것이다. 이와 관련 있는 구절을 『書經』「洪範」에서 찾으면,

예)禹乃嗣興하신대 天乃錫禹洪範九疇하시니 彝倫의 攸敍니라

　　우가 이에 이어 일어나니, 하늘은 우에게 큰 규범(홍범) 아홉 가지를

嗣:이을 사 乃:이에 내 錫:주석 석 洪:넓을 홍 範:법 범 疇:밭두둑 주 攸:바 유 敍:펼 서

내리시어 사람으로서 떳떳이 지켜야 할 도리(彝倫)가 베풀어 졌다.

[설명] 우임금은 하늘에서 얻은 홍범으로써 정치를 하였다는 것이다.

是以로 當世之人이 無不學하고 其學焉者ㅣ 無不有以知其性分之所固有와 職分之所當爲而各俛焉하야 以盡其力하니

이러므로 當世(그 시대)의 사람들이 배우지 않은 이가 없었고, 배운 사람들은 그 성〈품〉과 분수의 고유한 것과 직분에 마땅한 것을 알아서 각각 힘쓰지 아니함이 없이 그 능력을 다 발휘하였다.

- 其性分之所固有와: 본성 곧 인의예지에서 벗어나지 않는 분수를 의미한다.
- 職分之所當爲: 五倫을 基幹으로 하는 모든 윤리를 의미한다.

此는 古昔盛時에 所以治隆於上하고 俗美於下하야 而非後世之所能及也ㅣ러니 及周之衰하야 賢聖之君이 不(불)作하고 學校之政이 不脩하야 敎化ㅣ 陵夷하고 風俗이 頹敗하니 時則有若孔子之聖이라도 而不得君師之位하샤 以行其政敎하니 於是에 獨取先王之法하샤 誦而傳之하야 以詔(조)後世하시니

이것은 옛적 융성할 때 위로는 다스림이 높았는 바가 되었고, 아래로는 풍속이 아름다워지게 된 바, 後世에 미칠 수가 없더니, 주나라가 쇠하게 되자 어질고 성스러운 임금이 나오지 않고, 학교의 政事를 닦지 못하여 敎化가 점점 쇠퇴해가고 풍속이 頹敗하여졌다. 이 때에는 공자 같으신 성인이 계시기는 하였으나 君師의 位를 얻어서 그 政事와 가르침을 행하지 못하시므로[4] 이에 홀로 先王의 法을 취하시고, 외어서 전하여 후세를 가르치시니,

---

[4] '君師의 位는 얻지 못하였으나 그 政敎는 행하였으니'로 되는 것이 옳지 않을까 생각한다. 『亞山의 中庸講義』 제17장을 참조.

當:이 당 世:대 세 固:굳을 고 職:벼슬 직 俛:힘쓸 면 焉:어찌 언 衰:쇠할 쇠 賢:어질 현 聖:성스러울 성 脩:포 수 陵:큰 언덕 릉 夷:오랑캐 이 頹:무너질 퇴 敗:깨뜨릴 패 師:스승 사 政:정사 정 敎:가르칠 교 於:어조사 어 是:옳을 시 獨:홀로 독 取:취할 취 誦:욀 송 詔:가르칠 조

- 古昔盛時: 三代(夏・殷・周)의 극성기를 뜻함.
- 不作: '作은 出也라' 즉, 나오지 아니한다는 것.
- 不脩: 닦이지 아니한다. 경시되어 왔다.
- 陵夷: 우뚝 솟아 있는 것이 쇠해서 평탄하게 되는 것. 점점 쇠약함.
- 頹敗: 사회 도덕의 미풍이 무너져 감.
- 先王之法: 지나간 시대의 성인 천자가 남긴 법칙.

● 所以治隆於上하고 俗美於下하야: 위(통치자)로는 치륭한 바가 되었고, 아래(백성)로는 풍속이 아름다워지게 되었다. 三代의 극성기에는 모든 것이 잘되어 나갔다는 뜻이다.
● 誦而傳之(作之): 誦說하여 제자들에게 전하는 방법을 취하다.

若曲禮少儀內則弟子職諸篇은 固小學之支流餘裔 ₁ 오

「曲禮」・「少儀」・「內則」・「弟子職」과 같은 모든 篇(책)은 진실로 小學의 支流餘裔적인 것이라 하겠다.
- 餘裔: 혈통의 맨 끝. 자손. 옷끝의 옷자락.
- 曲禮, 少儀, 內則: 『예기』중의 一篇이다. 특히「내칙」은 가족 구성원 간의 예법을 다룬 것이다.
- 弟子職: 『管子』의 一篇으로 전해 오고 있다. 제자가 스승을 섬기는 데에 있어서 필요한 온갖 예법이 다루어져 있다.

[설명]『소학』의 내용이 여러 갈래의 마지막 근원적인 것으로써『예기』중의「曲禮」・「少儀」・「內則」과『管子』의「弟子職」으로 구성되어 있다.

而此篇者는 則因小學之成功하야 以著大學之明法하니 外有以極其規模之大하며 而內有以盡其節目之詳者也 ₁ 라

儀:거동 의 諸:모든 제 篇:책 편 支:가를 지 餘:남을 여 裔:후손 예 著:분명할 저 極:다할 극 規:법 규 模:법 모이 편(책)은 곧 소학이 이룬 공으로써 인하여 대학의 밝은 법을 나타내었으니, 밖으로는 그 규모가 극히 커지고, 안으로는 그 절목의 자세함을 다하였다.

- 外有以極其規模之大하며: 밖으로는 그 규모가 큰 것을 극진히 하고.
- 其規模之大: 『대학』의 三綱領.
- 其節目之詳: 『대학』의 八條目.

三千之徒ㅣ 蓋莫不聞其說(설)이언마는 **而曾氏之傳이 獨得其宗**하야 **於是에 作爲傳義**하샤 **以發其意**하시고 **及孟子沒而其傳이 泯焉**하니 **則其書ㅣ 雖存**이나 **而知者ㅣ 鮮矣**ㅣ라

삼천명이나 되는 門徒가 대개 그 말씀을 듣지 않은 이가 없건마는 曾子의 傳이 홀로(오로지) 그 정통을 얻었다. 이에 〈증자께서〉 傳의 뜻을 지으시어 그 뜻을 發明하였으나, 맹자께서 돌아가신 후에는 그 전하는 것이 어두워졌으니(중단되었으니), 곧 그 글(책)이 보존되었다 해도 아는 자가 드물었다.

· 三千之徒: 공자 제자가 삼천 명이라는 뜻.
· 傳: 현인이 지은 글(책)을 傳이라 한다(賢人之書曰 傳).
· 曾氏: 曾子를 가리킨다. 공자의 수제자. 이름은 參, 字는 子輿.
· 宗: 정통을 뜻한다.
· 沒: 사망.

- 以發其意하시고: '傳文 열 章'으로 그 뜻을 밝혔다.
- 其傳이: 경전을 알아서 정통적으로 계승 발전시키는 일.

[설명] 공자의 제자, 삼천 문도들이 공자의 강설을 듣지 않은 이가 없었지만 오직 그 진수를 전승한 사람은 오직 증자와 그 학파뿐이다. 그리하여 宗旨를 얻었고 증자가 스승의 뜻을 明文化해서 오늘의 經文1章의 글을 정리하였고, 이에 대한 傳義로는 傳文 열 章의 해설이라 하겠다. 이에 계속해서 맹자까지

蓋:덮을 개 莫:저물 모 聞:들을 문 說:말씀 설 宗:마루 종 義:옳을 의 發:필 발 意:뜻 의 沒: 없을 몰 泯:멸할 민 雖:비록 수 鮮:고울 선 輿:수레 여

전승되었다가 맹자 사망과 동시에 중단되고 말았다.[5] 물론 서적 그 자체는 유존하여 왔으나 그 내용을 아는 사람이 드물었다. 곧 위의 문장은 『대학』의 傳文을 증자가 저술했다는 것을 밝히는 대문이다.

自是以來로 俗儒記誦詞章之習이 其功이 倍於小學而無用하고 異端虛無寂滅之敎ㅣ 其高ㅣ 過於大學而無實하고 其他權謀術數ㅣ 一切以就功名之說과 與夫百家衆技之流ㅣ 所以惑世誣民하고 充塞仁義者ㅣ 又紛然雜出乎其間하야

이로부터 이후 세속 선비가 기록하고 암송하고 문장을 짓는 것을 익힘에 그 공은 『소학』보다 몇 배나 된다 해도 아무런 쓸모가 없었고, 異端의 虛無, 寂滅한 가르침은 그 높음이 『대학』보다 더하나 아무런 실용의 가치가 없었으며, 기타 권모술수 일체로써 공명을 이룬다는 說(말)과 그 百家의 모든 재주의 흐름이 세상을 어지럽히며 백성을 속이고 仁과 義를 모두 막는 자들이 또 그 사이에 어지럽게 섞여 나와서,

- 俗儒: 쓸 데 없는 속된 선비.
- 記誦: 경전을 많이 암송하는 것. 古書를 읽어 한낱 기억 암송할 뿐 응용 실천이 없는 학문을 의미한다.
- 詞章: 詩文을 교묘하게 짓는 문장력. 詩, 賦, 頌, 雜文 등의 예술적인 文辭를 가리킨다. 또한 口訟과 美辭麗句의 문장을 일삼는 속유들의 학문을 뜻한다.
- 其功: 노력하는 것.
- 無用: 실제로 소용이 없는 것.
- 異端: 유교의 이론에 반대되는 이론과 가르침.
  ※ 眞端: 窮理眞性 공부를 말한다. 이것 이외의 것은 異端이라고 한다.

---

5) 맹자까지를 공자 이후의 道統淵源으로 잡고 있다.
來:올 래 俗:풍속 속 儒:선비 유 誦:욀 송 詞:글 사 章:글 장 習:익힐 습 異:다를 이 端:바를 단 虛:빌 허 寂:고요할 적 滅:멸망할 멸 過:지날 과 權:저울추 권 謀:꾀할 모 術:꾀 술 切:끊을 절 就:이룰 취 與:줄 여 技:재주 기 惑:미혹할 혹 誣:속일 무 充:가득할 충 塞:변방 새 又:또 우 紛:어지러워질 분 雜:섞일 잡 乎:인가 호 間:사이 간

- 虛無: 道家를 가르킨다.
- 寂滅: 만물은 자연 그대로 소멸한다고 보는 불교 철학 개념. 불교를 가리키는 말이다.
- 其高: 고원한 것. 高踏.
- 無實: 사실에 합당하는 내용이 없는 것.
- 權謀: 잔꾀로 어떤 목적을 달성하려는 것.
- 權謀術數: 齊나라 管中, 秦나라 商鞅의 학설을 뜻한다.
- 權: 저울질하는 것. 남을 달아보는 것.
- 紛然: 혼잡한 모양. 어지러운 모양.

● 權謀術數ㅣ 一切以就功名之說과 與夫百家衆技之流ㅣ 所以惑世誣民하고 充塞仁義者ㅣ 又紛然雜出乎其間하야: 간단히 말해서 제자백가의 출현을 의미하고, 이것 때문에 정통적인 仁義의 유교가 발휘되지 못하는 것을 말함.

使其君子로 不幸而不得聞大道之要하고 其小人으로 不幸而不得蒙至治之澤하야 晦盲否塞하고 反覆沈痼하야 以及五季之衰而壞亂이 極矣ㅣ라

그 君子(위정자)로 하여금 불행하게 大道의 要諦를 듣지 못하게 하고, 그 小人(백성)으로 하여금 불행하게 지극한(훌륭한) 다스림의 은택을 입을 수 없게 하여, 어둡고 막히고 깊은 병폐가 반복되어 와서 五季의 쇠함에 이르러서는 무너지고 어지러움이 극도에 달하였다.

- 晦盲: 어두워 아무 것도 안 보이는 것.
- 否塞: 일이 꽉 막혀 제대로 되지 않는 것.
- 五季: 五代. 역사적으로 後梁 → 後唐 → 後晉 → 後漢 → 後周가 번갈아 서로 패도로써 천하를 제패하였으므로 이 시대를 五代라고 부른다.

鞅:소굴레 앙 使:하여금 사 蒙:입을 몽 至:이를 지 澤:못 택 晦:그믐 회 盲:소경 맹 否:막힐 비 塞:변방 새 覆:되풀이할 복 沈:잠길 침 痼:고질병 고 季:끝 계 衰:쇠할 쇠 壞:무너질 괴 亂:어지러울 란 極:다할 극 梁:들보 량

- ●〈使〉其小人으로: 군자와 대칭되는 소인으로 설명할 수 있으나 백성 대중을 뜻하기도 한다. 제자백가[6]로 비롯된 사상 자유 경쟁 시대에 유가의 인의가 억압받는 때를 묘사한 내용이라고 보면 되겠다.
- ●使其君子로 不幸而不得聞大道之要하고 其小人으로 不幸而不得蒙至治之澤하야: 춘추 전국의 제자백가 시대이라. 군자는 '不得聞大道之要'가 되고 소인은 '不得蒙至治之澤'이 되어서 이 결과로 '晦盲否塞, 反復沈痼, 壞亂極矣' 하였다.

[참고] 노장의 도가 사상과 불교의 이론을 주자의 견해로 살펴본다면, 노장의 도가 사상은 虛無主義로써 이론의 핵을 삼으며 문명을 부정하고 현실을 도피하는 것이라 할 수 있고, 불교는 寂滅主義를 내세워 가족과 군신 관계를 버리고 인륜을 도피하여 중이 되는 것은 유가의 교리로 볼 때 올바른 삶의 방법이 아니라는 것이다.

天運이 循環하사 無往不復일새 宋德이 隆盛하여 治敎ㅣ 休明하시니 於是에 河南程氏兩夫子ㅣ 出하사 而有以接乎孟氏之傳하야 實始尊信此篇하사 而表章之하시며 旣又爲之次其簡編하여 發其歸趣하시니

하늘의 運數는 돌고 돌아서 가고 돌아오지 않는 것이 없으므로, 송나라의 덕이 융성하여 다스림과 가르침(정치와 교육)이 아름답고도 밝았다. 이에 河南의 程氏 두 분 선생이 나오시어 맹자의 전하는 바〈道統〉을 계승하게 되었다. 진실로 비로소 이 편(『대학』)을 높이고 믿어서 表하여 빛나게 하시고, 이미 또 그 簡編(책)을 차례로 하여 그 귀착되는 바 意趣를 밝혀 내었으니,

- ・天運: 하늘의 運數.
- ・循環: 고리 모양으로 돌고 돌아가는 것. '治'와 '亂'의 순환 법칙을 말한다.

---

6) 춘추 전국 시대의 많은 학문과 학파를 뜻한다. 諸子百家系統(春秋戰國時代): ①儒家-孔子 ②道家-老子, 列子, 莊子 ③法家-管子, 韓非子 ④陰陽家-楊洲 ⑤名家-公孫龍 ⑥墨家-墨子 ⑦縱橫家-蘇秦, 張儀 ⑧雜家-呂不韋 ⑨農家-許行 ⑩小說家.

運:돌 운 循:좇을 순 環:고리 환 休:쉴 휴 出:날 출 而:말 이을 이 接:사귈 접 始:처음 시 尊:높을 존 此:이 차 表:겉 표 章:글 장 旣:이미 기 次:버금 차 簡:대쪽 간 編:엮을 편 歸:돌아갈 귀 趣:달릴 취

- 徃:往의 俗字.
- 程氏兩夫子: 程明道, 程伊川의 두 형제를 가리킨다.[7]
- 夫子: 원래 '大夫'에 대한 경칭이었으나 공자가 魯나라의 대부가 된 뒤로 그 문인들이 공자를 夫子라 부르게 되자 마침내 '師表'의 의미로써 學德에 대한 최고의 존칭으로 쓰이게 되었다. 남편이라는 뜻도 있다.
- 有以接: ~을 접하여 발전시킨 바가 있는 것.
- 表章: 세상에 밝게 나타내는 것. 宣揚.

- 無徃不復일새: 姤復, 循環의 이치를 말한다. 四時가 운행되는 자연 법칙과도 같다. 地道와 天道의 원리를 해설한 글귀를 『주역』 를 地天泰卦 九三爻에서 찾아보면 다음과 같다.

  예) 九三은 无平不陂며 无往不復이니 …… 象曰 无往不復은 天地際也ㅣ라

  九三은 평탄하면서도 언덕지지 않음이 없고 가고 돌아오지 않음이 없으니, …… 象이 말하기를 가고 돌아오지 않음이 없다는 것은 하늘과 땅이 서로 사귀어졌기 때문이다.

  [설명] 태평스러운 세상이 항상 기울어지지 않음이 없다는 것. '无平不陂'는 地道의 원리이며, '无往不復'은 天道의 원리이다.

- 旣又爲之次其簡編하여: 대학이 원래 『예기』 중에 있던 것을 발췌, 잘못된 것(錯簡)을 바로 잡아 정비하고 그 所說의 요령을 명백히 하였다. 즉, 『예기』 속에 수록되어 있었던 『大學』 고본의 착간을 바로 잡았다는 것이다.

然後에야 **古者大(太)學敎人之法**과 **聖經賢傳之指**ㅣ **粲然復(부)明於世**하니 **雖以熹(某)之不敏**으로도 **亦幸私淑而與有聞焉**하니

그런 뒤에야 옛 太學에서 사람을 가르치는 법과 聖人의 經文과 賢人의 傳文

---

7) 程明道(兄)(1032~1085)는 北宋의 유학자 號는 顥, 字는 伯淳, 諡號는 純公, 宋朝六賢 중의 한 사람이다. 程伊川(弟)(1033~1107)은 北宋의 유학자 號는 頤, 字는 正叔, 諡號는 正公이며 明道의 아우이다. 宋朝六賢 중의 한 사람이다. 「易序」·「易傳序」·「程傳」 등은 伊川의 학설이요, 글이다.

粲:정미 찬 熹:성할 희 敏:재빠를 민 私:사사 사 淑:착할 숙

의 뜻이 찬연히 다시 세상에 밝혀지게 되었으니, 비록 나(熹)의 불민함으로도 또한 다행히 사숙하여 이에 관해 더불어 들은 바가 있게 된 것이다.

- 燦然: 눈부시게 빛이 나는 모양.
- 私淑: 스스로 나 혼자서 맑아지다. 독학으로 훌륭하게 되다. 스스로 득도하다. 즉, 직접 배워서 훌륭하게 된 것이 아니고 훌륭한 경문을 보고 혼자 공부한 것. 간접적으로는 죽은 사람과는 사숙이 될 수 있다. 儒學淵源을 보면 사숙이 많다.

● 亦幸私淑而與有聞焉하니: 다행하게도 二程子의 학설을 들음으로 해서, 사람은 죽고 없으나 학설의 글은 남아 있으니, 이것으로 공부하여 사숙할 수 있는 바 경문과 전문을 통하여 그 분의 설을 들을 수가 있게 되었다는 것.

顧其爲書ㅣ 猶頗放失일새 是以로 忘其固陋하고 采而輯之하며 間亦竊附己意하야 補其闕畧하여 以俟後之君子하노니 極知僭踰ㅣ 無所逃罪나 然이나 於國家化民成俗之意와 學者脩己治人之方엔 則未必無小補云이라

돌아보건대 그 책되어 있음이 그래도 자못 흐트러져 있기에, 이에 자신의 고루함도 잊고, 구절들을 찾아 내어 모으고 중간에 또한 사사로이 나의 의견을 붙여 그 빠지고 간략함을 보충하여 뒤의 군자를 기다리노니, 극히 분수에 넘치는 짓으로 죄를 모면(도피)할 길이 없음을 잘 알고 있으나, 국가가 백성을 교화하고 良俗을 이룩하려는 의도와 배우는 자가 몸을 닦고 사람을 다스리는 방법에 있어서는 반드시 다소의 도움이 없지 않을 것이다.

- 僭踰: 외람스레 분수에 넘치는 짓을 하는 것.
- 逃罪: 죄를 면하는 것.

● 忘其固陋하고: 자기 자신의 겸사라 할 수 있다.

顧:돌아볼 고 猶:오히려 유 頗:자못 파 忘:잊을 망 固:굳을 고 陋:추할 루 采:식을 채 輯:모을 집 竊:사사 절 補:기울 보 闕:빠질 궐 畧:다스릴 략 僭:참람할 참 踰:넘을 유 逃:달아날 도 云:이를 운

- 采而輯之하며: 많은 자료를 캐어 모으고.
- 竊附己意하야: 사사로이 나의 의견을 붙여.
- 采而輯之하며 間亦竊附己意하야 補其闕畧하여: 『대학』의 古文을 착간하는 방법을 표시한 문장이라고 할 수 있지 아니할까? 예를 들어 이 책 傳文5章의 '補亡章'과 같은 것이다. 대학 고문에서의 착간의 정리는 주자가 완성하였다.
- 以俟後之君子하노니: 내가 해 놓은 것을 뒤에 훌륭한 자가 나와서 잘못을 바로잡아 줄 것이라 기대함이다. 後生而可畏.
- 僭踰ㅣ: 참람하고 中을 잡지 못하고 넘쳐서.
- 極知僭踰ㅣ 無所逃罪나: 극히 외람스레 분수에 넘치는 것으로 죄를 도피(모면)할 길이 없음을 잘 알고 있다. 해석의 순서는 다음과 같다. 極(1), 知(5), 僭踰ㅣ(2), 無所(4), 逃罪나(3).

[설명] 주자가 정자의 정리를 거친 후에도 放失을 면치 못한 것을 자신이 외람되게도 모든 사람들을 위하여 錯簡攷正하게 되었다는 것이다.

淳熙己酉二月甲子에 新安朱熹(某)는 序하노라

순희 기유 2월 갑자일에 신안 주모는 서문을 지어 공포하노라.
- 淳熙: 南宋 孝宗의 年號.
- 新安: 朱子의 本貫(姓鄕, 貫鄕)이다.

[설명] '己酉二月甲子'는 효종 16년[8] 2월 4일이다. 그런데 효종은 2월 2일 光宗에게 양위를 했다. 중국의 풍습으로는 양위한 그 해 일년 동안은 앞 임금의 연호를 사용하므로 순희라는 연호를 사용하였다.

『대학장구』는 이 해에 일단 끝을 맺었으나 그 후에도 끊임없이 개정되어 1200년 3월 그가 죽기 3일 전에도 정정했는데 이것은 유명한 일화이며, 또한 여기에서 주자가 「장구서문」에 대한 관심이 대단히 컸음을 엿볼 수 있다.

---

8) 효종 16년은 서기 1195년이고 주자의 나이가 60세이던 해이다.
淳:순박할 순 熙:빛날 희 己:자기 기 酉:닭 유 甲:첫째 천간 갑 子:첫째 지지 자

[참고]『대학』의 經, 傳文을 모두 읽고 난 연후에 주자 서문을 보는 것이 순서가 아니겠는가 한다. 증자의 높은 학문의 경지를 모두 알고 난 연후에 서문을 보게 되면 마치『주역』을 읽고 난 후에『중용』,『대학』을 공부하는 것과 같은 방법이라고 말할 수 있겠다.

大學章句序 終

大學章句大全

子程子曰 大學은 **孔氏之遺書而初學入德之門也**ㅣ라 **於今**에 **可見古人
爲學次第者**는 **獨賴此篇之存而論孟**이 **次之**하니 **學者**ㅣ **必由是而學焉**
이면 **則庶乎其不差矣**리라

 程子께서 말씀하시기를 "『대학』은 공자님의 남긴 글이고, 처음 글 배우는 사람이 德에 들어가는 문이다. 지금에 옛 사람들이 학문을 하는 순서를 볼 수 있음이 홀로 이 篇의 존재함에 힘입고, 『논어』와 『맹자』가 그것에 버금가니 글 배우는 자가 반드시 이로 말미암아 배운다면 거의 차이가 없을 것이다"라고 하셨다.

- 子程子: '子'는 높이는 뜻이다. 앞에 '子'를 붙이는 것은 宗師先儒之稱이다. 이와 같은 용례로 『禮書』에 子沈子라는 말이 나온다.
- 次第: 순서.
- 論孟: = 語孟.
- 次之: 버금가다.
- 庶乎: 거의.
- 其: 아마. 별 뜻이 없는 글자다.

[설명] 「大學章句大全」을 크게 나누어 보면 위의 문장과 經文1章은 總說로써, 經文1章은 ①綱領과 ②八條目을 설명하였고 그리고 傳文1章에서 傳文10章까지의 傳文 열 장은 本論(各論)으로써 '①明明德 ②親(新)民 ③止於至善 ④本末 ⑤格物致知 ⑥誠意 ⑦正心修身 ⑧修身齊家 ⑨齊家治國 ⑩治國平天下'를 각각 순차적으로 해설하였다.

遺:남길 유 今:이제 금 次:버금 차 第:차례 제 獨:홀로 독 賴:힘입을 뢰 此:이 차 篇:책 편 存:있을 존 論:말할 론 必:반드시 필 庶:여러 서 差:어긋날 차

經1章

0001
大學之道는 **在明明德**하며 **在親(新)民**하며 **在止於至善**이니라

　　大學의 道는 밝은 덕(明德)을 밝힘에 있으며, 백성을 새롭게 함에 있으며, 지극한 선에 머무는 데 있다.

總說

　　'在明明德', '在親(新)民', '在止於至善'은 『대학』의 三綱領[1]인데 윗문장은 이것으로써 유교 이론을 포괄 통섭했다. 이에 덧붙여 앞으로 이 책 『대학』에서 전개 될 중요한 주제만을 말한다면 다음과 같다. ①三綱領에 있어서 그 해설이 '親民'이냐 '新民'이냐의 문제(朱子說과 王陽明說을 함께 대조 공부함이 좋다). ②格物致知의 문제. ③誠意에 관한 『중용』과의 관계. ④修身과 마음의 관계이다.

---

1) 綱領:가장 기본 으뜸이 되는 것. 이것만 알면 그 내용을 다 알 수 있다.

各說

- 明德: 하늘로부터 얻은 虛靈不昧한 것. 곧 天賦之性을 말하는 것이며 여기에는 모든 이치가 다 갖추어져 있고, 모든 사물에 대하여 다 알아낼 수 있다는 것.
- 明明德: 사람의 마음을 거울에다 비교하여 이 거울에 먼지가 앉아 있는 것을 닦아 내는 것과 같다. 이것을 곧 明明德이라 할 수 있다. 불교의 心是明鏡說과 상통한다.
- 大學之道는 在明明德하며: 道는 形而上學的 形而上, 德은 形而上學的 形而下. 예를 들면 『주역』☰ 乾卦 "九三曰 …… 君子ㅣ 進德脩業하나니"[2)]에서 '德'은 形而上이고, '業'은 形而下가 된다. 즉, 大學之道는 形而上學的 上學이고, 明明德, 親民, 止於至善은 形而上學的 下學이다.
- 在明明德하며 在親(新)民하며 在止於至善이니라: 이 구절은 大學之道로써 天賦之性을 밝게 밝혀서 모든 백성에게까지 미치게 하고 明德을 밝히되 至善에까지 밝혀 머물게 한다는 것이다. '道學的'인 측면으로는 明德과 止於至善을 말할 수 있으나 '政治的'인 측면과 '教育的'인 측면은 在親(新)民에서 찾아 볼 수 있다. 또 '在明明德', '在親(新)民', '在止於至善'을 三在, 三綱領이라 하고, 이는 『대학』의 총원리요 진수라 할 수 있다. 따라서 유교의 학설은 삼단논법으로 구성되어 있다. 『중용』에서는 '天命之謂性', '率性之謂道', '修道之謂教'라 하였으니 『중용』 또한 性·道·教의 삼단논법으로 구성되어 있다. 이 구절에서 明明德의 발휘를 백성에게까지 미치게(以及萬民) 하는 것이고 또 그 목표가 至善에서 머물도록 말하고 있다. 이것으로 미루어 보아서 明德의 최종 목표가 至善이라고 규정되어 있음을 알 수 있다. 그런데 이에 대한 異論이 많으니 연구를 많이 해 보도록 해야 한다. 여기에서 조심해야 할 것은 각 학설을 연구하여 비교함으로써 실력을 쌓을 것이지 누가 옳고 그름을 겉으로 나타내는 것(外表)은 금물이다. 단지 심증할

---

2) 九三에 …… 군자는 德을 행하여(進德) 밝은 德을 밝히는 것이니(修業),
明:밝을 명 在:있을 재 親:친할 친 止:머무를 지 於:어조사 어 至:이를 지 善:착할 선

따름이다. 잠시 이에 관련하여 『논어』의 한 문장을 예로 들어보자.

예) 子貢이 方人하더니 子ㅣ曰 賜也난 賢乎哉아 夫我則不暇로다 (「憲問」)

자공3)이 사람을 비교하여 말하거늘, 공자께서 말씀하시기를 "賜, 너는 현명하고 잘하는 줄 아나 대체로 나는〈내 공부하기에 바빠서 남과 비교할〉시간 여유가 없다"고 하셨다.

· 方: 비교하다. 比.

[설명] 비교하지 말라는 것 보다도 더 심한 말이다. 공자는 '止於至善'에 있는 사람이니, 이 공자를 목표로 하여 공부해 나아가면 틀림이 없다.

또 明明德이 없이는 親(新)民도 止於至善도 있을 수 없으며 이는 '유교의 진수'라고 할 수 있고, 『대학』에서는 德(明德)을, 『중용』에서는 道를 엮어 놓았다. 이에 관련하여 『중용』의 문장을 인용하여 보자.

예) 自誠明을 謂之性이오 自明誠을 謂之敎ㅣ니 誠則明矣오 明則誠矣ㅣ니라
(『中庸』제21장)

精誠(하늘)으로 말미암아 밝아짐을 性이라 이르고, 밝아짐으로 말미암아 誠해짐을 敎라고 하니, 誠하면 밝아지고, 밝으면 곧 誠해지는 것이다.

[설명] '自誠明'4)은 聖人의 경지이고, '自明誠'은 凡人(賢人)의 경지이다. ①自誠明은 자연, 天道 즉, 私慾이 전혀 없는 天賦之性(至善)을 그대로 간직하고 있는 것. 사람으로 말하면 성인 같은 존재다. 그러므로 天之道(天理)의 自然(眞實無妄)을 뜻하고 不勉而中, 不思而得, 從容中道로써 善을 얻어서 행하게 되는 것으로 天理와 渾然一體로 나아감을 말한다. ②自明誠은 人道, 노력 즉, 明은 앎을 말한다. 이에는 私慾이 있으므로 이것을 밝힘으로 誠之하여 誠에 나아가는 것. 사람으로 말하면 성인 이외의 사람인 우리들처럼 성인이 되기 위하여 노력하고 수양하는 것, 이것을 가리켜 '敎'라고 한다. 결국 교육을 통하여 誠으로 나아가는 것이다. 이것이 人之道 — 誠之 — 擇善而固執이다. 그러나 궁극에 이르러서는 같아진다. 결국 본래부터 성실하여 밝은 것이나 또는 열심히 공

---

3) 子貢의 이름은 賜, 姓은 端木이다. 孔子 十哲 중의 한 사람이다.
4) 自는 由와 같다. ……으로부터. ……으로 말미암아.
賜:줄 사 哉:어조사 재 暇:겨를 가 憲:법 헌

부하고 노력하여 밝아진 것이나 종말에 가서는 道通은 같다. 이를 알기 쉽게 정리하면 다음과 같다.

自誠明 - 天之道也 - 生知安行 - 聖人
自明誠 - 人之道也 - 學知利行 - 賢人
自誠明 : 生而知之, 安而行之 - 誠則明 : 及其知之一也
自明誠 : 學而知之, 利而行之 - 明則誠 : 及其成功一也

- 自誠明: 不疾而速, 不行而至[5] (『周易』「繫辭上傳」)
- 自明誠: 우리가 觀敬 공부할 때 私慾을 버리기 위하여 정성을 모으는 것과 같다. 『周易』 ䷓ 觀卦의 "有孚하야 顒若하리라"에서 밝아지기 위해 有孚하는 것이 곧 誠之하는 것과 같다.

聖人   : 性 - 道 - 敎 - 自誠明 → 聖人
賢人, 그 외 사람(士人) : 敎 → 道 → 性 - 自明誠 → 賢人[6]

經文1章 1節(0001)을 三才之道[7]에 비교한다면, '大學之道'는 后天度數로서 用으로 사용되고 '在明明德'은 天道, '在親(新)民'은 人道, '在止於至善'은 地道가 된다.

明明德의 '明'은 行(形而下學), '明德'은 知(形而上學)이다. 어떤 이는 '明明德'을 知, '親(新)民・止於至善'을 行이라고 보는 사람도 있다. 하여튼 우리가 '明明德'에서 분명하게 광명이 어느 누구에게도 잠재해 있음을 알 수 있으니 '觀・敬 공부'를 하여 광명을 찾을 수가 있다. 그리고 불교의 이론에 '見性'

---

5) 오직 신령스럽기 때문에 빠르지 아니해도 빨리하고, 가지 아니하여도 신의 조화 조차도 다 알아 낼 수 있다.
6) 이『중용』예문에 대한 심도 있는 이해는 『亞山의 中庸講義』 제21장을 참조하라. 이에 대한 상세한 해설이 되어 있다.
7) 天・地・人의 相合 相應 관계로 消長盛衰하는 이치.

妄:망령될 망 勉:힘쓸 면 從:좇을 종 容:얼굴 용 渾:흐릴 혼 擇:가릴 택 固:굳을 고 執:잡을 집 觀:볼 관 顒:공경할 옹 若:같을 약 孚:미쁠 부 后:뒤 후 度:법도 도과 '大覺'은 明明德의 표현이다. 어떻게 하면 광명을 찾을 수 있을 것인가, 明德을 찾을 수 있을 것인가는 다음의 제2절(0002)에서 알아 보도록 하자.

'在明明德', '在親(新)民', '在止於至善' 이 세 가지는 대학의 강령이다. 그러나 내용의 해석에 있어서 朱子와 王陽明(이름은 守仁, 1472~1528)이 그 견해를 달리 했다. 이러한 여파가 우리 나라에까지 전래되어 학파가 갈라지고 사회에 많은 물의를 남기게 되었다.

◀三綱領 解說▶

一. 明明德

요약하여 정리하면 다음과 같다. 朱子는 그의 註에서 해설한 바와 같이 그의 이론에 따르면, ①인간이 하늘에서 받은 것. 즉, 인간이 天生으로 부여된 것으로 타고난 본래적인 것이다. ②明德이란 虛靈[8]不昧한 것이다. ③衆理를 갖추고 만사에 응할 수 있는 것이다. 그런데 왕양명은 明德을 천지 만물과 합一되는 길로써 커다란 仁으로 파악했다. 즉, 一體의 仁이라고 하였다. 그러나 근본적인 설명에는 다를 바가 없고 단지 견해 차이가 있을 뿐이다.

明明德은 사람이 하늘로부터 얻어온 虛靈不昧한 것으로 모든 이치를 갖추어 온갖 일에 응해가는 것이다. 또 칸트(kant,1724~1804)가 제창한 理性과도 같은 것이라 할 수 있다. 기독교에서 인간을 원죄가 있는 존재로 규정하여 예수를 통해 원죄로부터 탈피해 나오는 속죄 과정에다 인간 완성의 길을 두고 있는 것과는 대조적이다. 그리고 불교에서 주장하는 것으로써 無明을 깨뜨리고 淸淨, 원만한 正覺에 도달해감과 마찬가지이다.

이와 같이 明明德을 통해 본연의 자기를 가장 잘 자각한 사람을 일컬어 君

---

8) 虛 : 심장을 中空이라고 한다. 형이상학적인 뜻으로 心虛라고도 한다.
　靈 : 활동의 不可思議한 것. 형이상학적인 뜻으로 마음의 활동을 표현한 말. 人心은 지극히 靈하다.
　覺:깨달을 각 註:글뜻 풀 주 虛:헛될 허 靈:신령 령 昧:어두울 매 淸:맑을 청 淨:깨끗할 정

子 또는 聖人이라 하고 그렇지 못하고 기질과 인욕에 구애되는 사람을 가리켜 小人 또는 庶人이라고 한다.

二. 親(新)民

주자는 해설하기로 "民(백성)을 새롭게 한다. 明德이 만 백성에게까지 미쳐야 한다"고 했다. 傳文2章의 "作新民, 維新"이란 말에 따른 것이다. 이는 스스로 明德을 밝힌 군자나 남에게까지 미치게 하여 자기를 혁신시키는 것이다. 따라서 자기 혁신은 타자의 혁신에까지 미치지 않으면 안된다. 어쨌든 쉽게 말해서 '新民'이란 민중들로 하여금 인간된 본성으로 돌아가 최대한으로 본성을 실현하도록 깨우쳐 주는 일이다. 德治主義의 과제는 바로 이 新民에 있다. 주자는 곧 中興, 維新[9]의 뜻으로 설명하였다.

新民을 교육적인 측면으로 본다면, 明明德을 타자에로의 확대로서 대상을 향한 교화를 의미한다. 이와 관련 있는 글을 『논어』의 공자 말과 『맹자』에서 찾아보면 다음과 같다.

예1) 夫仁者는 己欲立而立人하며 己欲達而達人이니라 (『論語』「雍也」)

　　대저 어진 사람은 자신이 서려고 하는 데에 남도 세울 것이며, 자신이 달하려고 하는 데에 남도 달하게 할 것이다(곧 타인에게로 확대 교화한다).

2) 天之生此民也는 使先知로 覺後知하며 使先覺으로 覺後覺也ㅣ라 (『孟子』「萬章・上」)

　　하늘이 이 백성을 내심은 먼저 안 자로 하여금 늦게 아는 자를 깨우치며, 선각자로 하여금 뒤늦게 깨닫는 자를 깨우치게 하신 것이다.

이와 같이 일반 대중에게 교화성을 가지고 있으니 불교에서의 化行[10]이나

---

9) 日日新, 又日新으로 영구적으로 지속하는 것. 祝文의 維歲次와 같은 의미로 쓰인다. 즉, 子子孫孫 계승하라는 뜻이다. 제사의 경우 神主 재료로 밤나무를 사용하는데 그 이유는 밤나무를 심으면 뒤에 그 열매가 열려야만 나무가 썩게 된다. 결국 자기의 후대를 계승시켜 놓고 없어지기 때문에 나무 중에서 밤나무를 택하게 된 것이다.
10) 중생을 교도하러 다니는 것.
欲:하고자 할 욕　達:통달할 달　雍:누그러질 옹　使:하여금 사　化:될 화

기독교에서의 傳道가 바로 그것이니 新民은 政敎一致的인 특색을 말하여 주는 것이기도 하다.

　왕양명은 해설하기로 '백성을 친애함에 있다'고 했다. 明德을 밝힘은 天地, 萬物一體의 體를 세움이요, 백성을 친애함은 天地, 萬物 一體의 用을 살핌이다. 때문에 明德을 밝힘은 반드시 백성들을 친애함에 있고 백성들을 친애함은, 곧 그 明德을 밝힘이다. 明德을 一體의 仁으로 보았으니 明明德과 親民 사이에 뚜렷한 구별이 없는 것은 당연하다. 그 구체적 실례로 父子有親의 '親'에서 설명하면 이 관계는 不易之理다. 이와 같이 아버지는 아들에게 자애로, 아들은 아버지를 효로써 그 '親'이 나타난다.

　양인 주장의 상이점으로 주자는 明明德과 新民을 상하 주종 관계로써 一元的 二元論으로 구별하여 분리하였고, 왕양명은 明明德과 親民을 동등의 격으로써 二元論으로 보았다. 우리 나라 조선조 대학자인 退溪[11]는 주자의 이론을 따른 '新民 학파'라 할 수 있으며, 栗谷[12]은 왕양명의 이론에 따른 '親民 학파'라 볼 수 있다.

三. 止於至善

　주자는 止於至善을 '事理當然함의 극치'라 했고, 왕양명은 '마음이 天理에 純一함의 극치'라고 했다. 양인 주장의 공통점으로 주자는 조금도 過不及의 差를 용납하지 아니한다―곧 中이다―고 했으며, 왕양명은 스스로 天然한 中에 있지 아니할 적이 없다―곧 中이다―고 했다.

　여기서 中의 마음은 至善에서 옮기지 아니하고 머문다는 뜻이며, 静的인 것 뿐만 아니라 動的인 것도 포용한다. 결코 至善의 길을 찾아서 그 곳에서 이탈하지 않는다는 말이다. 곧 明德이 곧 至善이니 天賦之性까지 밝혀서 그 곳까지 가서 머문다는 것이며 또한 목표를 至善에다 두고 그 곳까지 가면 머물라는 것이다.

---

11) 退溪는 李滉(1501-1570)의 號다. 조선 시대 학자며 문신이다.
12) 栗谷은 李珥(1536-1584)의 號다. 조선 시대 학자며 문신이다.
退:물러날 퇴 溪:시내 계 栗:밤나무 률 谷:골 곡 純:순수할 순 賦:줄 부

여기서 '至'를 『주역』의 이론으로 명확히 설명해 보고자 한다.

예1) 艮 ☶ ↑止   艮卦 象에서 "艮은 止也ㅣ니 時止則止하고 時行 則行하야 動靜不失期時ㅣ……"라 했다.

①'時止則止'는 있을 자리에 머물러 있는 것이고, ②'時行則行'은 갈 자리에 가는 것이다. 즉, 終할 때 終하고 始할 때 始하는 것도 止也이며 '動靜不失期時'라고 할 수 있다. 이렇게 머무는 데는 때가 중요하다. 그래서 15세가 되면 비로소 처음으로 한다. 15년의 때가 있다. 그리고 15년의 묵은 때를 한 번 닦아 보자는 것이 入德之門이라고 하였다.

2) 山 ↓ ☶ 水   屯卦로 始生하여 蒙卦 때까지 몽매하였다. 태어나
   水   ☵ 雷   서 15세까지 어두워졌다(童蒙). 이때부터 묵은 때
   蒙   ↑屯 를 벗겨 보자는 것이다. ䷃ 山水蒙卦에서 "上九는 擊蒙이니 不利爲寇ㅣ오 利禦寇하니라"13)고 했다. 이에 따라 율곡이 『擊蒙要訣』이란 책을 만들어서 이를 통해 '止於至善의 경지'에로 도달되도록 해 보자는 것이다. 이와 같이 『주역』이 『대학』과 상통됨을 엿볼 수 있다.

朱子註

程子曰 親은 當作新이라

정자께서 말씀하시길 "親은 마땅히 新으로 지어야 한다"고 하셨다.

[설명] 『禮記』「大學」에서 '親'자로 전하여 오던 것을 宋나라 때 程子(程頤)가 '新'자로 보아야 한다고 이의를 제기함으로써 말썽이 된 것이다. 그러나 唐나라 孔穎達14)과 明나라 王陽明은 '親'자로 하는 것이 옳다고 주장하고 있다.

---

13) 몽매한 것을 일깨워 주니, 도적이 되는 것은 이롭지 않고 도적을 막는 것은 이롭다.
14) 孔穎達(574~648): 중국 당나라 초기의 학자. 字는 仲達. 공자의 32代孫이라고 한다.
雷:우레 뢰 屯:어려울 둔 蒙:입을 몽 寇:도둑 구 禦:막을 어 擊:부딪칠 격 訣:비결 결

大學者는 **大人之學也**ㅣ라 **明**은 **明之也**ㅣ라 **明德者**는 **人之所得乎天而虛靈不昧**하야 **以具衆理而應萬事者也**ㅣ라

　大學이라는 학문은 大人의 학문이다. 明은 밝히는 것이다. 明德이라는 것은 사람이 하늘에서 얻은 바로써, 마음이 텅 비고 신령스럽고 어둡지 아니하여 온갖 이치를 갖추어져 있어 만사에 응하는 것이다.
　・明之也: ~을 밝힌다. '之'가 들어감으로써 '明'이 타동사로 쓰였다.

[설명] 明明德의 해설이다. 明은 밝히는 것. 곧 사람이 노력하여 연마하는 것이 밝히는 정도에 따라 빛이 나고 남보다 우월하다는 것이다. 이것은 후천적이요, 곧 형이하학적이라고 할 수 있다.

但爲氣禀所拘와 **人欲所蔽**에 **則有時而昏**이나 **然**이나 **其本體之明則有未嘗息者故**로 **學者**ㅣ **當因其所發而遂明之**하야 **以復其初也**ㅣ라

　다만 기품에 구애되는 바가 되고 인욕에 가리운 바가 되면 때때로 어두울 때가 있으나, 그 본체의 밝은 것은 일찍이 꺼지지 아니함이 있다. 그러므로 배우는 자가 마땅히 그 發하는 바로 인하여 마침내 그것을 밝혀 그 처음을 회복해야 한다.
　・爲A所B: A에게 B함을 당한다. 피동형의 문장이다. A는 사물이나 사람, B는 동사가 들어간다. 예를 들어 '爲人所笑'는 '사람에게 웃는 바가 되다' 즉, '사람에게 웃음거리가 되다'로 해석된다.
　・~ 則~: '~한다면'의 가정의 뜻으로 사용되고, 주어의 강조로써 사용한다. 여기서는 主格을 강조한다.
　・以復其初也: '以'는 접속 구실을 하며 해석은 '함으로써'이다. '而'보다 강한 뜻으로 쓰인다.

虛:헛될 허 靈:신령 령 昧:어두울 매 衆:무리 중 應:응할 응 禀:줄 품 蔽:덮을 폐 嘗:맛볼 상 因:인할 인 遂:이룰 수 復:회복할 복

● 學者ㅣ 當因其所發而遂明之하야 以復其初也ㅣ라: 무엇을 배우는 자가 원래의 天性이 기품과 인욕으로 인하여 그 밝음이 혼미해지고 멸식해지지 않도록 알아서 처음의 성품으로 회복해 나가야 한다. 즉, 능동적으로 처음의 천성으로 돌아가야 한다.

[설명] 주자의 윗문장은 윗글에서 明明德을 해설한 것으로 보충적 설명이다. 明德은 天賦之性이니 사람마다 다 간직하고 있다. 타고난 성품이 기품이나 인욕에 구애되고 가리워져서 어두울 때가 있지만 本體는 밝은 것이라서 멸식되지 아니함이 있는 까닭으로, 배우는 자는 노력하여 이 밝은 것을 밝히도록(明明德)하면 그 처음의 天賦之性으로 돌아갈 수가 있다는 것이다.

新者는 革其舊之謂也ㅣ라 言ㅣ 旣自明其明德하고 **又當推以及人**하야 **使之亦有以去其舊染之汚也ㅣ라**

新이란 그 옛 것을 고침(개혁)을 이른다. 이미 스스로 자기가 가지고 있는 明德을 밝히고 또 마땅히 미루어서 남에게까지 미쳐서, 그(남)로 하여금 또한 옛날에 오염된 더러움을 제거함이 있도록 하는 말이다.

・革: 고친다는 뜻이다.
・言: 언이 처음 나올 경우는 "말하기를"로 해석하고, 언이 뒤에 나올 경우는 "~을 말하는 것이다"로 해석한다. 여기서 '言' 이하는 '新'에 대한 설명이다.

[설명] 新民에 대한 설명이다. 자기가 타고난 明德을 밝히고 또 딴 사람에게까지 미치게 하여 옛날부터 마음에 물들었던 더러움을 제거하는 것을 말한다.

止者는 必至於是ㅣ 而不遷之意ㅣ라 至善은 則事理當然之極也ㅣ라 言ㅣ 明明德新民을 皆當止於至善之地而不遷이니 **蓋必其有以盡夫天理之**

革:가죽 혁 謂:이를 위 推:옮을 추 及:미칠 급 亦:또 역 去:갈 거 舊:옛 구 染:물들일 염 止:머무를 지 必:반드시 필 遷:옮길 천 意:뜻 의 極:지극할 극 明:밝을 명 新:새 신 皆:다 개 蓋:덮을 개 盡:다될 진

極而無一毫人欲之私也]라 **此三者**는 **大學之綱領也**]라

止라는 것은 반드시 여기에 이르러서 옮기지 아니한다는 뜻이요, 至善은 곧 事理의 당연함이 지극한 것이다. 밝은 덕을 밝히는 것(明明德)과 백성을 새롭게 하는 것(新民)은 다 마땅히 至善의 경지에 멈추어 옮기지 않는다는 말이니, 〈대개〉반드시 天理의 지극함을 다하여, 한 터럭만큼이라도 사람의 사사로운 욕심이 없어야한다는 것을 말함이다. 이 세 가지는 『대학』의 강령이다.

- 止: ☶ 艮은 止也. 광명에서 止하라. 효도하는 마음에서 벗어나지 아니해야 한다.

● **必至於是**]**而不遷之意**]라: 반드시 善(天賦之性)에 이르러서는 옮기지 아니한다(벗어나지 아니한다)는 뜻이다. 惟精惟一하여 允執厥中된 마음을 옮기지 아니한다. 곧 至善에 머물러 옮기지 아니한다는 것이다.

0002
知止而后에 **有定**이니 **定而后**에 **能靜**하며 **靜而后**에 **能安**하며 **安而后**에 **能慮**하며 **慮而后**에 **能得**이니라

머물 데를 안 뒤에 定함이 있으니, 定한 뒤에야 능히 고요하고, 고요한 뒤에야 능히 평안하고, 평안함이 있은 뒤에야 능히 생각하며, 생각한 뒤에야 능히 얻는다.

〖總說〗

위 제2절의 문장은 至善을 체득, 실현하는 과정을 말하고 있다. 즉 머물 곳,

毫:가는 털 호 綱:벼리 강 領:요소 령 后:뒤 후 能:능할 능 靜:고요할 정 慮:생각할 려

止於至善이 어디에 있는 것을 안 뒤에 뜻을 定함이 있으니, 定함이 있은 뒤에 능히 마음이 동요되지 않으며, 마음이 동요되지 않은(靜) 이후에야 평안하며, 평안한 후에야 능히 생각하고, 생각한 뒤에야 얻을 수가 있다.

各說

● 知止而后에 有定이니: 하늘로부터 받아온 天賦之性(明德)을 잘 간직하고 보존하여 至善에 머물도록 인욕을 극복해서 天理를 실현하는 방향으로 길이 잡히게 되면 定함이 있다는 것이다. 이와 관련있는 글을 『주역』에서 찾아보면 다음과 같다.

예1) 〈天道 地道ㅣ〉終萬物始萬物者ㅣ 莫盛乎艮하니 (「說卦傳」)

만물을 끝맺음하고 만물을 시작하게 하는 것은 〈東北間인〉 艮方만하게 盛한 것이 없으니,

[설명] 만물 생성의 순환 과정을 말한 것이다. 이것이 곧 知止의 止의 설명이다. 사람이 공부하는 것도 만 가지의 사물을 떠나버리고 道學의 시초되는 장소인 선악의 마음에서 곧 악을 버리고 善(至善)에서 머물도록 하는 것이다. 또 '止' 속에는 時가 있어야 한다.

2) 彖曰 艮은 止也ㅣ니 時止則止하고 時行則行하야 (『周易』 ䷳艮卦)

단에서 말하기를 간은 머무는(그치는) 것이다. 머물 때가 되어서 머물고 행할 때가 되어서 행하는 것이 〈머무는(그치는) 것이니〉,

[설명] 이것을 주역 원리로써 표로 나타내 보자.

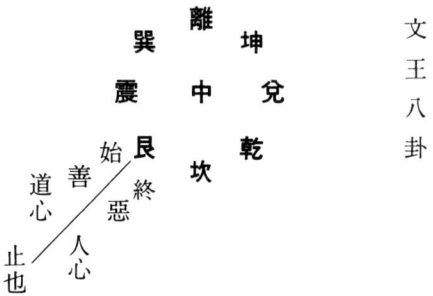

사람이 正心修道를 한다는 말은, 마음 속에 담고 있는 雜心·人心의 악한 것을 전부 없애고 明德으로 돌아가 至善에서 머문 연후에 마음의 결정됨이 있는 것이니, 이것이 有定이다.[15]

이 구절의 본의를 觀·敬 공부하는 데에 비교한다면 알기 쉽다. 明德을 가져서 至善에 머물러 있은 후에 마음의 定함이 있다. 즉, 마음 속에 있는 잡된 것이 없어지고 明德의 경지에 들어가는 것, 마음의 집중을 뜻한다. 이러한 마음에 定함이 있은 후에는 고요하다. 즉, 無我之境을 말한다. 이런 경지이면 心眼이다. 이렇게 된 연후에 사물에 대하여 무슨 일이든지 알려고 하면 다 알아낼 수 있고 이로써 얻어질 수가 있다. 그런데 이러한 내용은 왕양명의 학설이다. 주자는 이렇게 말하지 아니하였다. 이 經文은 공자의 말씀이다. 과연 공자의 本義가 어떤 것이겠는가? 연구해 볼 문제이다. 이와 관련하여 『서경』에서 예를 찾아보면 다음과 같다.

3) 嗚呼라 惟天은 無親하샤 克敬을 惟親하시며 (「商書」太甲下)

오호라! 하늘은 친함이 없으나 〈공〉경하는 사람만은 친하시며,

[설명] 敬 공부로 하늘을 친할 수 있다는 것이며, 위에서 말한 형이상학적인 것이 가능함을 말한다.

다시금 '知止而后에 有定이니'에서 내가 말하건대 '止'는 格物하는 데서 머물러야(그쳐야) 한다. 明德을 밝히도록 하여 至善에서 멈추어서 마음에 定함을 가지도록 하는 것은 窮理의 공부다. 여기까지는 내가 최선을 다하여 여러분을 이끌어 오고 힘을 다하여 말해 줄 수 있으나 그 다음의 能靜 → 能安 → 能慮 → 能得은 자기 자신이 연마하고 공부해야 한다. 그러므로 '知止而后, 有定'은 窮理 공부이고, 그 이하 '能靜 → 能安 → 能慮 → 能得'은 盡性 공부다. 이것은 觀·敬 공부하는 단계를 말한 것이다. 敬이 되는 것은 '찰라'라고 볼 수가 있겠다.

---

15) 이 '定'으로써 號를 삼는 사람이 많다. 예를 들어 定齊 柳致明(全州人), 定軒 李鍾祥(驪江人) 등.

莫:저물 모 艮:어긋날 간 象:단 단 眼:눈 안 義:옳을 의 嗚:탄식소리 오 惟:오직 유

朱子註

止者는 所當止之地ㅣ니 卽至善之所在也ㅣ라 知之ㅣ 則志有定向이라 靜은 謂心不妄動이요 安은 謂所處而安이요 慮는 謂處事精詳이요 得은 謂得其所止ㅣ라

止라는 것은 마땅히 머물러야 할 바의 곳이니, 곧 지극히 착한 것(至善)이 있는 곳이다. 이것을 알면 뜻이 定한 방향이 있을 것이다. 靜이라는 것은 마음이 망령되게 움직이지 않는 것을 이르고, 安이라는 것은 처한 곳이 편안한 것을 이름이요, 慮라는 것은 사물을 처리함에 정밀하고 자세한 것을 이름이고, 得이라는 것은 그 머물 곳을 얻는 것을 이른다.

● 知之ㅣ 則志有定向이라: 至善이 있는 곳을 안다면 마음에 定向이 생긴다.

0003
物有本末하고 事有終始하니 知所先後ㅣ면 則近道矣ㅣ리라

物에는 근본적인 것과 말단적인 것이 있고, 事에는 마침과 비롯함이 있으니, 먼저 하고 나중에 할 바를 알면 곧 道에 가까울 것이다.

・先後: 먼저 하고, 뒤에 하는 것. 동사로 해석한다.

總說

事物에는 本末과 終始가 있으니, 明明德을 하여 止於至善에 定함에 있어 먼

當:당할 당 所:바 소 卽:곧 즉 在:있을 재 靜:고요할 정 妄:망령될 망 動:움직일 동 處:살 처
謂:이를 위 精:정할 정 詳:자세할 상 矣:어조사 의

저 해야 할 것이 있으니, 이 순서를 어겨서는 안 된다. 곧 이 先後를 알고 행해야 한다. 여기(0003)까지가 강령이다. 다음 문장(0004)에서 先後의 내용을 알아 볼 수 있다.

各說

明明德을 하는 데는 순서가 있는 것이니, 이것을 어겨서 행하지 말라. 이러한 本末과 終始를 알아서 먼저 해야 하고 뒤에 해야 할 것을 알게 되면 道에 가깝게 접근할 수 있다. 즉, 明德－新民－至善과의 관계와 知止－有定－能靜－能安－能慮－能得의 순서를 어겨서는 아니 된다.

- 物有本末하고 事有終始하니: 천지 사물의 이치를 말한 것이다.
- 知所先後ㅣ면: '知止'부터 알아서 '有定'이 되어야지 중간에서 다른 어디로 벗어나 무엇을 하려고 하면 아니 된다. 즉, 앞문장(0002)에서 말한 순서를 어겨서는 아니 된다는 것을 강조한 글이다.

朱子註

明德이 爲本이오 新民이 爲末이며 知止이 爲始오 能得이 爲終이니 本始는 所先이요 末終은 所後라 此는 結上文兩節之意ㅣ라

德을 밝히는 것(明德)은 근본이 되고, 백성을 새롭게 하는 것(新民)은 끝이 되며, 머무는 것을 아는 것(知止)이 시초로 되고, 능히 얻는 것(能得)을 끝으로 한다. 本始는 먼저 하는 것이요, 末終을 뒤에 하는 것이다. 이는 윗글 두 절의 뜻을 맺는 것이다.

本:밑 본 爲:될 위 末:끝 말 始:처음 시 結:맺을 결 節:마디 절

0004

古之欲明明德於天下者는 **先治其國**하고 **欲治其國者**는 **先齊其家**하고 **欲齊其家者**는 **先修其身**하고 **欲修其身者**는 **先正其心**하고 **欲正其心者**는 **先誠其意**하고 **欲誠其意者**는 **先致其知**하니 **致知**는 **在格物**하니라

　옛날에 밝은 덕(明德)을 천하에 밝히려고 하는 자는 먼저 그 나라를 다스리고, 그 나라를 다스리고자 하는 자는 그 집안부터 먼저 가지런히 하고, 그 집안을 가지런히 하고자 하는 자는 먼저 그 마음을 바르게 하고, 그 마음을 바르게 하고자 하는 자는 먼저 그 뜻을 정성스럽게 하고, 그 뜻을 정성스럽게 하려고 하는 자는 먼저 그 아는 것을 극진히 해야 할 것이니, 아는 것을 극진히 하는 것은 사물의 이치를 궁구하는 데에 있다.

　・古之 ～ 者: 옛날의 ～ 사람. '之'는 '의'로 해석함.

總說

　위의 문장은 八條目을 나타낸 대문이다. 八條目은 ①明德於天下 → ②治國 → ③齊家 → ④修身 → ⑤正心 → ⑥誠意 → ⑦致知 → ⑧格物이다.

各說

● **古之欲明明德於天下者**는: 옛날의 성인들이 곧 마음의 거울이 티 없이 맑은 거울과 같이 환하게 밝게 가지고 있는 자가 천하에 모든 사람들을 자기 거울에 비추어 보고자 한다는 뜻이다. 다시 부연하여 해설하자면 上古에 明

齊:가지런할 제　欲:하고자 할 욕　致:이를 치　格:바로잡을 격

德을 밝힌 사람이라면 요·순·복희·문왕·주공·공자와 같은 明德을 가진 사람이라고 할 수 있다. 이 성인들이야말로 格物致知를 한 사람이라고 할 수 있다.

- 其意하고: 마음의 움직임이라는 뜻(意)이다.
- 致知는 在格物하니라: 주자는 이 구절을 "아는 것을 극진히 하는 것은 사물의 이치를 연구하는 데에 있다"고 풀이했고, 왕양명은 "아는 것을 극진히 하는 것은 물욕을 막는데 있다"고 풀이했다. 이 대목에서 格物致知의 설명을 좀더 상세히 강론해 보자.

주자는 '사물의 이치에 窮知하여 그 진상(앎)을 얻을 수 있다'고 했다. 즉, 사물에 대한 지식을 채우고 넓혀 나감으로써 致知는 格物에 있다고 했으니, 사물의 현상을 꿰뚫어 보아 그 본래의 면목에 이르러야 비로소 그 진상을 얻을 수가 있는 것이라고 했다. 다시 말해서 사물에 이르러서는 반드시 각각 그렇게 된 까닭(所以然之故)과 마땅히 그러해야 하는 법칙(所當然之則)이 있으니 이른바 이것을 '理'라고 했다. 그러므로 주자는 사물의 이치를 구명·관찰함으로써 知에 나아갈 수가 있다고 하였다.[16] 格物致知는 明明德을 위해서이고 또 明明德은 格物致知로써 달성될 수 있다. 즉, 알기 위하여 格物을 하고 格物을 하면 알게 되는 것이다.

왕양명은 주자와는 달리 '格物은 물욕을 막는다는 것이다'고 했다. 至善으로 받아온 天賦之性이 나쁜 물욕 때문에 오염이 되고 不善하게 되었으니, 이 물욕을 막으면 致知가 자연스럽게 이루어지고 곧 明德을 얻을 수 있다는 것이다. 그런데 물욕을 막는 것이 盡性이니 왕양명의 格物이 주자가 말하는 格物보다 차원이 보다 높은 뜻이 아니겠는가?

주자의 주장과 왕양명의 주장을 알기 쉽게 표로 만들어 보면,

주자설: 사물의 이치를 궁구(格物)   — 致知 → 窮理
왕양명설: 물욕을 막는다(格物)   — 致知 → 盡性

---

[16] '所以然之故'는 존재론적인 의미이고, '所當然之則'은 가치론적인 의미로써 곧 理다. 이것을 구명함으로써 致知를 얻으며, 致知에서 '致'는 극치 곧 모르는 것 없이 최상에 달한다는 것이다. 곧 格物만 되면 아는 것이 극에 달한다는 것이며 또한 明德에 달한다는 뜻이다.

좀더 이에 논의 진전을 위해 『대학』의 저작자인 曾子의 본의를 살펴보도록 하자. 증자가 평생에 걸쳐 座右銘[17]으로 내건 것이 '日三省吾身'[18]이라고 하였다. 하루에 내 자신을 세 가지 측면으로 살펴본다는 뜻이나 이것은 나의 天賦之性이 혹시 外誘[19]를 당하여서 물욕에 잠겨 있지나 아니하였는가, 다시 말하여 格物하는데 게으름이 없었던가를 살펴본다는 것이다. 이것을 평생을 두고 하였다는 것은 과연 공자의 수제자다운 말이며 또 우리들에게는 생각하기 힘들고 어려운 일이라고도 할 수 있다. 위 세 사람의 주장을 비교하여 요약하면, 왕양명과 증자는 '格物은 五慾을 막는다'는 뜻으로 설명하고 있고, 주자는 '格은 至也라'고 했으니 사물에 접하여 마침내 사물의 이치를 궁구하여 알아내는 것이라 했다.

마음의 거울에 먼지가 앉을까봐 걱정하는 것을 '戰戰兢兢'이라고 한다. 따라서 『주역』 ☰ 乾卦 九三爻에 있는 '終日乾乾'의 뜻도 格物의 의미가 있다고 보아도 된다. 그러므로 致知를 하려면 格物 곧 물욕을 떠나야 한다. 공부를 하는 데는 물욕을 떠나야 한다는 뜻이니, 돈벌이 및 정치를 하면서 공부하는 것이 병행된다는 것은 문제가 있는 것이다. 엄밀하게 말해서 五慾을 떠나지 않고서는 致知가 어렵다는 것으로 귀착되는 것이다. 결국 格物이란 사물을 떠나는 것이고 따라서 明明德의 순간은 '찰라'라고 할 수 있다.

결론적으로 주자학파의 주장과 양명학파의 주장, 증자의 본의를 잘 대조하여 판단해 볼 것이며 본문에서 선후를 찾아보면 格物이 제일 먼저이고 다음이 致知다. 다음의 其意 → 其心 → 其身 → 其家 → 其國 → 天下의 순으로 本末과 終始를 알고 그리고 이 先後를 알고 이것을 행한다면 곧 道에 가까울 것이라고 하였다. 致知는 곧 格物을 하는 데에서 머물러야(그쳐야) 한

---

17) 右(오른쪽)는 먼저 보이는 곳이며 앉아서 잘 보이는 곳이다. 항상 보게끔 잊지 않으려고 표본으로 삼는 것. 銘曰: 총체적인 것을 묶어서 말한다. 자기의 의사나 규범이 될 수 있는 글을 쓴다.
18) 曾子ㅣ曰 吾ㅣ日三省吾身하노이(『論語』「學而」)
19) 心이 작용이 되어 精一하게 가지고 있는 것이 바로 中이고 道通이다. 그렇지 아니하고 散心이 되어 동서남북으로 흘러가면, 이것이 不偏·不倚·無過·及이 되지 아니하는 현상이요, 이것을 일러서 外誘라고 한다.
窮:다할 궁 誘:꾈 유 戰:싸울 전 兢:삼갈 긍

다. 여기서 머물게 되면 알게 되는 법이니, 이 致知가 되고 난 뒤에 明明德에다 定함이 있어야 한다(有定).

朱子註

明明德於天下者는 **使天下之人**으로 **皆有以明其明德也**ㅣ라 **心者**는 **身之所主也**ㅣ라 **誠**은 **實也**ㅣ오 **意者**는 **心之所發也**ㅣ니 **實其心之所發**하야 **欲其必自慊而無自欺也**ㅣ라

밝은 덕(明德)을 천하에 밝힌다는 것은 천하 사람으로 하여금 모두 그 밝은 덕을 밝힘이 있도록 하는 것이다. 마음(心)은 몸의 주장하는 바이다. 誠은 성실함이요, 뜻(意)이란 마음이 發하는 바이니, 그 마음의 發하는 바를 성실히 해서, 반드시 스스로 만족하고 스스로 속임이 없게 하려고 하는 것이다.

- 心者는 身之所主也ㅣ라: 마음(心)은 몸의 주인이라는 것이다.
- 意者는 心之所發也ㅣ니: 뜻(意)이란 마음의 움직임이니.

致는 **推極也**ㅣ오 **知**는 **猶識也**ㅣ니 **推極吾之知識**하야 **欲其所知**ㅣ **無不盡也**ㅣ라 **格**은 **至也**ㅣ오 **物**은 **猶事也**ㅣ니 **窮至事物之理**하야 **欲其極處**ㅣ **無不到也**ㅣ라 **此八者**는 **大學之條目也**ㅣ라

致는 미루어 극진히 하는 것이요, 知는 識과 같으니, 나의 지식을 미루어 극진히 하여 아는 것을 다하지 않는 것이 없게 하는 것이다. 格은 이른다는 것이고, 物은 일(事)과 같으니, 사물의 이치를 궁구하여 이르러서 그 지극한 곳에 이르지 않는 것이 없게 하는 것이다. 이 여덟 가지는 『대학』의 八條目이다.

- 致: 推極也. 앎을 투철하게 한다.
- ※格: 至也. 궁구하여 이른다.

以:써 이 慊:만족할 겸 欺:속일 기 猶:같을 유 識:알 식 吾:나 오 窮:다할 궁 條:가지 조

• 無不盡也ㅣ라: 모든 것을 다 알 수 있게 한다.

0005
物格而后에 **知至**하고 **知至而后**에 **意誠**하고 **意誠而后**에 **心正**하고 **心正而后**에 **身修**하고 **身修而后**에 **家齊**하고 **家齊而后**에 **國治**하고 **國治而后**에 **天下平**이니라

  사물의 이치가 궁구된 뒤에야 앎에 이르고(앎이 투철해지고), 앎에 이른 뒤에야 뜻이 정성스러워지고, 뜻이 정성스러워진 뒤에야 마음이 바루어지고, 마음이 바루어진 뒤에야 자신의 몸(德)이 닦아지고, 자신의 몸이 닦아진 뒤에야 집안이 가지런해지고, 집안이 가지런한 뒤에라야 나라가 다스려지게 되고, 나라가 다스려지고 난 뒤에라야 천하가 화평해진다.

總說

  윗문장은 明德이 천하에 밝혀지는 — 곧 德治主義의 理想이 성취되어 가는 — 과정을 순서대로 설명했다.

各說

  윗문장은 한 사람의 마음, 한 사람의 몸을 닦는 것이 집안이 정돈되고 國治 및 天下和平의 근원임을 설명한 글이다.

• **物格而后**에 **知至**하고: 위의 글에 古之欲明明德於天下者[20]의 '明明德'이라는 말은 없으나 '物格而后에 知至'가 곧 明明德의 길이고 방법이다. 敬 공부

를 할때 조금 物格을 해 보고 아무런 통기나 성과가 없으니 그만두는 예가 많다. 위(0002)에서 "知止而后에 有定이니"라고 했는 바 곧 物格만되면 知至가 된다고 했으니, 이 구절은 우리가 觀敬 공부를 하여서 豫知하려고 하는 것은 틀림없이 붙들 수 있다는 것을 실례로 들어 놓은 글이라 할 수 있다.

朱子註

物格者는 物理之極處ㅣ 無不到也ㅣ오 知至者는 吾心之所知ㅣ 無不盡也ㅣ라 知旣ㅣ 盡則意可得而實矣오 意旣實則心可得而正矣라

物格이라는 것은 사물 이치의 극치에 이르지 않음이 없다는 것이요, 知至라는 것은 내 마음이 아는 바 다하지 않음이 없다는 것이다. 아는 것이 다하면 뜻을 얻어서 성실히 할 수 있고, 뜻이 이미 성실해지면 마음을 얻어서 바루어질 수 있다.

·得: 여기서의 得은 '할 수 있다'로 해석된다. 能과 뜻이 같다.

脩身以上은 明明德之事也ㅣ오 齊家以下는 新民之事也ㅣ라 物格知至ㅣ 則知所止矣오 意誠以下ㅣ 則皆得所止之序也ㅣ라

脩身에서 以上(心正 － 意誠 － 知至)은 밝은 덕을 밝히는 일이요, 齊家에서 以下(家齊 － 國治 － 天下平)는 백성을 새롭게 하는 일이다. 사물에 이르러서 아는 것이 이르면(物格知至) 곧 머무는 바를 아는 것(知止)이다. 意誠 이하는 다 머무는 바를 터득하는 순서이다.

[설명] 위의 經文 제2절 "知止而后에 有定이니 定而后에 能静하며 静而后에 能安하며 安而后에 能慮하며 慮而后에 能得이니라"에서 '知止'는 '知所止矣'

---

20) 옛날에 밝은 덕(明德)을 천하에 밝히려고 하는 자.
想:생각할 상 到:이를 도 至:이를 지 旣:이미 기 可:옳을 가 得:얻을 득

와 뜻이 통하고 '能得'은 '皆得所止之序也'와 뜻이 상통된다. 곧 明明德하여 止於至善의 머무를 곳이 실천적으로 실현되어 얻어져 가는 순서이다.

0006
自天子至於庶人히 壹是皆以修身爲本이니라

天子로부터 庶人에게 이르기까지 모두 한결같이 修身으로써 근본을 삼는다.

總說

위의 문장은 모든 이가 修身을 모든 것의 근본으로 한다는 내용이다.

各說

- 壹是皆: 일체, 곧 모두라는 뜻이다.
- 修身爲本이니라: 修身은 中正之道로 나아가는 것의 시초다. 곧 四次元 세계로 나아가는 관문이다.

八條目의 心正까지는 형이상학이니 우리가 볼 수 없는 德을 바탕으로 修身을 하게 되면 무난히 后天으로 건너갈 수 있다는 뜻이 아닐까. 그 나머지 이하는 자연히 될 수 있다는 것이다. 또 한 사람 한 사람 修身이 다 된다면 治國平天下는 如反掌과 같다. 修身이 中이요, 道요, 本이라고도 할 수 있다.

庶:무리 서 壹:오직 일 是:옳을 시 爲:할 위

◀三綱領 · 八條目의 別解▶

○三綱領: 坤은 止也라 했고, 止는 地道를 상징한다. 坤道는 至善德方이다. 人道는 백성을 상징한다. 明은 태양을 뜻하고 天道를 상징한다. 明明德 속에 新民과 止於至善이 내포되어 있다고 할 수 있으니, 明明德이 가장 크고 으뜸이며 따라서 天道가 곧 중심(中)이요, 태극이요, 핵이다.

```
三綱領    : 明明德  -  新民   -  止於至善
用(后天)  : 天道    -  人道   -  地道
```

○八條目: 八條目이 明明德, 新民, 止於至善을 확대하여 설명하기 위한 것이라면 易學에서 말하는 八卦의 설명과 다를 바가 있을까, 이렇게 생각하여 공부한다면 착오는 없을 것이다. 逆, 倒轉卦[21] ⇌ 順, 本卦 또는 순환의 원리다.

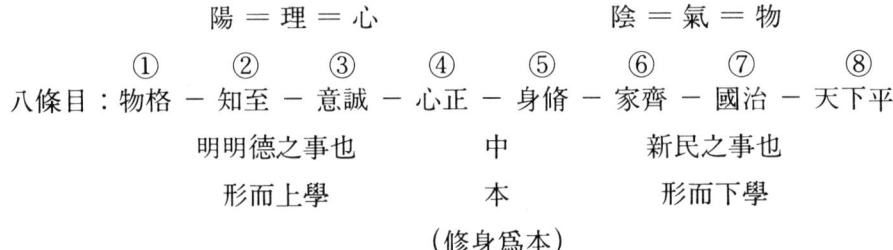

朱子註

壹是는 **一切也**ㅣ라 **正心以上**은 **皆所以修身也**ㅣ오 **齊家以下**는 **則舉此而措之耳**ㅣ라

---

21) 倒轉은 卦를 뒤집어 거꾸러 보는 것을 말한다. 예를 들어 ䷴ 漸卦를 倒轉하면 ䷵ 歸妹卦가 된다.
倒:넘어질 도 轉:구를 전 措:둘 조

壹是는 一切이다. 正心 이상―物格, 知至, 意誠, 心正까지―모두 다 修身하는 所以이다. 齊家 이하는 이것만을 열거하여 둘 뿐이다.
- 所以: 일의 까닭. 이유.
- 耳: 말그칠 이. 뿐 이. 語決詞.

● 則擧此而措之耳ㅣ라: 곧 修身만을 내세운다는 것이다.

0007
其本亂而末治者ㅣ 否(부)矣며 其所厚者에 薄이요 而其所薄者에 厚하리 未之有也ㅣ니라

그 근본이 어지러운데 말단이 다스려지는 法(일)은 없으며, 그 厚하게 해야만 할 때에 薄하게 하고, 薄하게 해야만 할 때에 厚하게 할 사람이란 있지 않다.
- 否: 音은 '부'이다. '……한 일은 없다'는 뜻이다. 否定詞.
- 未之有也: 그러한 일이 있지 아니하다. '未'는 부정하는 말이며, '有'는 타동사가 되고, '之'는 대명사로 '有'와 '之'가 도치되었다.

〔總說〕

本末과 先後를 잘 알아서 행해야 한다. 즉, 修身의 근본이 완성된 후에 齊家―治國―平天下도 가능하다고 하였다.

薄:엷을 박 厚:두터울 후 未:아닐 미

各說

거시적으로 보는 방법이 八條目 전체로써 修身을 기준으로 하여 근본을 삼아 그 이상은 修身을 하기 위한 형이상학적인 단계이다. 미시적으로 보아서 修身을 근본으로 삼아서 자신의 성찰, 자기 완성이 있고 난 후에야 齊家도 治國도 平天下도 가능한 것이니 修身이 급선무이고, 이 修身을 잘하기 위해서는 위의 형이상학적인 단계를 거쳐야 한다고 보겠다.

- 其本亂而末治者ㅣ 否矣며: 物格-知至-意誠-心正은 '根本'의 뜻이고, 身修-家齊-國治-天下平은 '末治'라고 할 수 있다. 결국 형이상학의 心正까지가 잘 되어야만 末治 곧, 형이하학의 天下平까지 다 될 수 있다.
- 其所厚者에 薄이요 而其所薄者에 厚하리 未之有也ㅣ니라: 天理原則의 順天을 뜻하는 말이다. 積善之家必有餘慶 → 順, 積不善之家必有餘殃 → 順. 즉, 積善을 하는 데 '殃'이 오고 積不善을 하는데 '慶'이 올 수는 없는 것이다.

厚 : 善　　順　　本
薄 : 不善　逆　　末

修身(本·厚) → 齊家 → 治國 → 平天下(末·薄)
이것을 바꾸어 하는 자는 아무도 없다

朱子註

本은 謂身也ㅣ오 所厚는 謂家也ㅣ라 此兩節은 結上文兩節之意ㅣ라

積:쌓을 적 餘:남을 여 慶:경사 경 殃:재앙 앙 謂:이를 위 厚:두터울 후 結:맺을 결

本은 몸을 이르는 것이고, 두텁게 하는 곳은 집안을 말하는 것이다. 이 두 절은 윗글 두 절의 뜻을 잇는(맺는) 것이다.

- 此兩節은: '自天子 至於庶人 ~ 基本이 亂而末治者ㅣ'의 두 구절을 뜻한다.
- 上文兩節: '古之明明德於天下者는 ~ 物格而后에 知至하고'의 두 구절을 뜻한다.

[참고] 주자는 또한 '가족을 厚(本)로 하면 국가는 薄(末)이다'고 했다. 이는 가족 윤리가 모든 것의 근간이 되기 때문에 가족을 화목케 하지 못하는 사람은 治國이나 平天下의 일에 아무런 기여도 할 수 없다는 말이다.

右는 經一章이니 蓋ㅣ 孔子之言을 而曾子述之하시고 其傳十章은 則曾子之意를 而門人이 記之也ㅣ라 舊本에 頗有錯簡일새 今因程子所定而更考經文하야 別爲序次를 如左하노라

右[22]는 經文1章이니, 대개 공자님의 말씀을 증자께서 記述하셨고, 그 傳文 열 章은 곧 증자의 뜻을 〈증자의〉 門人들이 기록한 것이다. 예전 책에 자못 상당히 잘못이어진 책장이 있으므로, 이제 정자께서 定한 것에 따르고, 다시 經의 글을 상고하여 따로 별도로 차례 짓기를 왼쪽과 같이 하였다.

- 舊本: 現『대학』이전의 것.
- 更: 고칠 경(改也;동사), 지날 경(歷也), 다시 갱(再也;부사). 위의 문장에서는 '다시 갱'의 뜻으로 사용되었다.
- 蓋: 대개 개. 미확실성을 나타낸다.
- 錯簡: 책 안의 글자나 쪽수가 뒤바뀐 것. 簡은 현재의 페이지와 그 의미가 같다.
- 考(攷)〈正〉: 상고하여 바로 잡는 것.

---

22) 이 책의 편집상 右라는 표현은 부적절하고, 上이라고 하는 것이 정확하다. 그러나 원문 그대로 기재하는 것이 이 책의 편집 원칙이므로 원문대로 했다. 다음 傳1章부터 傳10章까지 이 원칙이 통용된다.(編輯者註)

蓋:대개 개 述:지을 술 曾:일직 증 記:기록할 기 也:어조사 야 頗:자못 파 錯:섞일 착 簡:대 쪽 간 因:인할 인 更:다시 갱 考:상고할 고 別:나눌 별 序:차례 서 次:차례 차 如:같을 여

- **曾子述之**하시고 ~ **如左**하노라 : 經文은 凡205字이고, 傳文은 凡1,546字이다. 합계 1,751字가 된다.
- **別爲序次**를: 별도로『十三經』注疏本에 있는 것과는 달리. 舊本.

[설명] 결국 經文은 공자의 글로써 증자가 기술했고, 傳文 열 章은 증자의 글로써 증자의 문인들이 기록한 것인데, 舊本에 섞여 있던 이것을 정자가 정리하여 현재와 같은『대학』의 책을 편집하게 된 것이다. 즉, 節의 순서나 차례를 이치에 맞도록 정자가 정리하였다는 것이다.

凡傳文에 **雜引經傳**하야 **若無統紀**나 **然**이나 **文理接續**하고 **血脉貫通**하야 **深淺始終**이 **至爲精密**하니 **熟讀詳味**하면 **久當見之**하리니 **今不盡釋也**ㅣ하노라

모든 傳文에는 복잡하게 經과 傳의 글을 인용하여 쓰여져 있어서 系統과 紀綱이 없는 것 같으나, 〈글로 보면〉 文理가 닿아서 이어져 있고 〈사람으로 치면〉 血脉이 온몸에 통하여 있는 것과 같이 되어, 깊고 얕음과 처음과 끝이 지극히 정밀하게 되어 있으니, 익혀 읽고 자세히 음미하기를 오래하면 당연히 알게 될 것이다. 그러므로 이제 다 해석하지 않는다.

- **文理接續**하고: 문장의 줄거리는 연속되어 있다. 문리 접속의 예를 들어 보면 다음과 같다.
    예)古之欲明明德於天下者는 ~ 致知는 在格物하니라 ~ 物格而后에 知至라 ~ 國治而後에 天下平이니라 自天子至於庶人이 ~ 修身爲本이니라 基本이 亂而末治者ㅣ否矣며 ~
- **血脉貫通**하야: 사상도 일관되어 있고.
- **見之**하리니: 보게 되리라. 알게 된다.
- **今不盡釋也**ㅣ하노라: 이제 전부 다 해석하지 아니한다. 대개 줄거리만을 해석하여 둔다는 것. 부분 부정이다.

若:같을 약 統:큰 줄기 통 紀:벼리 기 接:사귈 접 續:이을 속 血:피 혈 脉:맥 맥 貫:꿸 관 通:통할 통 深:깊을 심 淺:얕을 천 密:빽빽할 밀 熟:읽을 숙 讀:읽을 독 詳:자세할 상 久:오랠 구 釋:해석할 석

傳1章

0101
康誥에 曰 克明德이라하며

「康誥」에 이르기를 "능히 훌륭히 덕을 밝힌다"고 했으며,
· 克: '능히 ~을 한다'는 뜻이다.

> 總說

   傳文1章은 明明德의 설명장이다. 文王이 훌륭히 밝힌 덕은 바로 明德이다. 자신에게 부여된 天性을 실현했음을 들어서 누구나 이 天性을 회복할 수 있음을 예증해 주고 있다.

康:편안할 강 誥:고할 고 克:능할 극 周:두루 주 叔:아재비 숙

各說

「康誥」는 『書經』 「周書」 중 1篇으로써, 成王의 숙부인 康叔에게 周公이 成王을 대신하여 깨우쳐 주는 하나의 교훈이다.[1] 윗문장과 관련된 글귀를 『서경』과 『주역』에서 인용하여 보면 다음과 같다.

예1) 惟乃丕顯考文王이 克明德愼罰하시니라 (「周書」)

오직 이에 크게 나타나신(드러나신) 아버지 문왕이 능히 훌륭히 덕을 밝히시며 죄를 삼가시니라.

[설명] 문왕의 克明德을 인용한 것이다.

2) 象曰 …… 施命誥四方하나니라 (☰☴ 天風姤卦)

상에서 말하길 "……〈군주는 이것을 보고〉천하에 명령을 내려 사방의 모든 백성들에게 깨우치도록 하는 것이다"고 했다.

朱子註

康誥는 周書ㅣ라 克은 能也ㅣ라

「康誥」는 周書이다. 克은 能이라는 뜻이다.

0102
太甲에 曰 顧諟天之明命이라하며

---

[1] 朱子나 다른 이는 바로 武王이 동생 康叔에게 직접 한 말이라고 했다.
  細註) 東陽許氏曰 康誥者는 周武王이 封第康叔於衛而告之之書라
  文王에게는 武王·周公·康叔·蔡叔·管叔·霍叔이 아들로 있었는데 蔡叔과 管叔은 成王의 즉위를 반대하였으나 周公과 康叔은 成王을 잘 보좌했다. 周公은 섭정으로서 成王을 보좌하고, 康叔은 殷나라가 망한 후에 그 곳의 제후로 봉해졌다. 그리고 殷을 衛로 개칭하였다. 「康誥」는 제후국의 군주로서 天子인 成王을 도와서 나가는 데에 지켜야 할 교훈의 글이다.
  丕:클 비 顯:나타날 현 愼:삼갈 신 罰:죄 벌 施:베풀 시 甲:첫째 갑 諟:이 시 湯:사람이름 탕

「太甲」에 이르기를 "이 하늘의 밝은 命〈令〉을 돌아보라" 하였으며,
- 太甲: 은나라 王의 이름. 湯王의 손자. 書名으로서의 太甲은 上·中·下 편이 있으며, 이 편은 伊尹²⁾이 태갑에게 훈계한 것을 기록한 것이다.
- 明命: =明德.

各說

● 天之明命이라하며: 明命은 明德을 하늘이 부여하는 입장에서 본 것이고, 明德은 인간이 이것을 품수한 뒤의 견지에서 본 것이다. 그러므로 明命은 明德을 두고 한 말이다. 즉, 준다고 할 적에는 明命, 받고 난 뒤에는 明德이 된다.

朱子註

太甲은 商書ㅣ라 顧는 謂常目在之也ㅣ라 諟는 猶此也ㅣ니 或曰審也ㅣ라 天之明命은 卽天之所以與我而我之所以爲德者也ㅣ라 常目在之則無時不明矣ㅣ라

「太甲」은 商書이다. 顧는 항상 눈을 그 곳에 두는 것을 이른다. 諟는 此와 같으니, 어떤 사람은 말하기를 "살피는 것"이라고 한다. 하늘의 밝은 명령이라는 것은 곧 하늘이 나에게 준 바이고, 내가 德으로 여기는 바이다. 항상 눈을 그것에 둔다면 곧 어느 때고 밝지 않음이 없을 것이다.

---

2) 湯王의 宰相. 탕왕을 도와 夏나라의 桀王을 쳐부수었다.
伊:저 이 尹:다스릴 윤 商:헤아릴 상 顧:돌아볼 고 猶:같을 유 或:혹 혹 審:살필 심 卽:곧 즉 與:줄 여 常:항상 상

0103
帝典에 曰 克明峻德이라하니

「帝典」에 이르기를 "능히 큰 덕을 밝힌다" 하니,

> 各說

위의 문장과 관련 있는 글을 『書經』「虞書」에서 인용하여 윗글의 참고로 하여 보면,

　예)…… 克明峻德하사 以親九族하신대 九族이 旣睦이어늘 平章百姓하신대 百姓이 昭明하여 協和萬邦하신대 黎民이 於(오)變時雍하니라 (堯典)
　〈요임금의〉 높고 고귀한 덕에 九族(一家一族)이 깊이 교화되어 화목하게 되었고, 구족을 화목하게 하시니 백성이 밝게 다스려졌고, 백성이 밝게 다스려지니 온 세상이 평화롭게 되었다. 백성은 이에 착해져서 화평을 누리게 되었다.
　　· 九族: 高祖로부터 玄孫까지를 말함.

> 朱子註

帝典은 堯典이니 虞書라 峻은 大也ㅣ라

「帝典」은 「堯典」이니 虞書라는 글이다. 峻은 크다는 뜻이다.

[설명] 위의 『大學』 본문장들(0101, 0102, 0103)은 『서경』을 인용한 글들이다.
● 康誥의 克明德: 文王의 明德을 말하였다.
● 太甲의 顧諟天之明命: 재상 이윤이 탕왕의 손자인 태갑에게 말한 것으로

帝:임금 제 典:법 전 峻:높을 준 玄:현손 현 堯:요임금 요 虞:헤아릴 우

"하늘의 밝은 命令(明德)을 지켜 보라"고 했다. 이것을 政治와 修身의 근본으로 삼도록 하라는 것이다.
- 帝典의 克明峻德:「康誥」와「太甲」, 둘을 종합적으로 하여 大德을 밝힘으로써 九族을 화목하게 할 수 있는 것이라는 것이다.

0104
皆自明也ㅣ니라

〈위의 것은〉모두 스스로 밝히는 것이다.

> 朱子註

結所引書하야 **皆言自明己德之意**ㅣ라

인용한 서책을 맺어서 모두 스스로 자기의 德을 밝히는 뜻을 말한 것이다.

[설명] 위의 세 편(「太甲」·「康誥」·「帝典」)은 明德을 밝히는 것(明明德)을 말한 대문이라고 할 수 있다.

右는 **傳之首章**이니 **釋明明德**하다

右는 傳文首章이니, 밝은 덕을 밝히는 것(明明德)을 해석하였다.

此는 **通下三章**하야 **至止於信**이 **舊本**에 **誤在沒世不忘之下**ㅣ니라

이 章은 아래 三章을 통하여 三章의 끝인 止於信까지는 옛책에 잘못되어 沒

結:맺을 결 引:이끌 인 己:자기 기 首:머리 수 釋:해석할 석 通:통할 통 誤:그르칠 오 沒:다할 몰 忘:잊을 망

世不忘의 아래에 있었다.

[설명] 傳文3章 끝문장 뒤에 있던 것을 바로잡았다는 뜻이다. 傳文3章의 끝부분인 문장은 '此以沒世不忘也'이다.

傳2章

0201

湯之盤銘에 曰 苟日新이어든 日日新하고 又日新이라하며

    湯王의 盤銘에 이르기를 "진실로 하루를 새로울 수 있거든 날이면 날마다 새롭게 하고 또 날로 새롭게 하라!" 하였으며,

總說

    傳文2章은 新民의 해석편이다. 새롭게 하는 데는 왕 자신부터 먼저 모범을 보여야 한다는 뜻에서 탕왕이 매일매일 세면하는 浴器에 '苟日新 日日新 又日新'을 새겨서 자신을 새롭게 발전시켜 善心이 되도록 하고, 나아가 백성에게까지 그 영향을 미치게 하는 것이다.

湯:사람이름 탕 盤:쟁반 반 銘:새길 명 苟:진실로 구

各說

위의 글은 탕왕이 항상 쓰는 욕기에 새겨 둔 自警之辭로써 신체에 묻은 때를 씻어내는 것으로 날로날로 새롭게 하여 오염이 되지 않게 한다(形而下學的인 방법). 이로 인하여 마음도 오염되지 않게 본래 받은 善心을 그대로 보존하기 위해서는 洗心을 해야 한다는 것이다. 그러므로 항상 성찰하고 五慾을 막기에 힘을 다 한다는 것이다(形而上學的인 방법).

洗心 → 明明德 → 新民

고대의 글을 보아서 고대인들은 매일 세면하는 장소에 곧 잘 보이는 자리에 글을 새겨 두고 座右銘¹⁾으로 삼은 것이 아닐까 한다.

위의 문장을 『주역』에 관련해 해설하여 보자.

大畜은 无妄이 된 者라야 가능하다. 无妄이면 곧 道學을 기를 수 있다. 공자, 석가모니, 예수와 같은 聖人이 되려면 德積을 해야 한다. 이 大畜의 방법으로, 大畜卦의 象辭에서 다음과 같이 말했다.

예1) 象曰 大畜은 剛健코 篤實코 輝光하야 日新其德이니……

단에서 말하길 "대축은 강건하고 독실하고 빛나서 날로 그 덕을 새롭게 하는 것이니……

[설명] 道通하려는 사람의 정신 자세로는 강건하고 독실하고, 광휘 곧 지극한 지구력으로 정성을 다하는 것이다. 또 이러한 정성을 날로날로 明明德함을 날로 새롭게 한다는 것이며, 중단없이 날로 그 덕을 항상 새롭게하고 자기가 공부한 것을 한번 복습해 보는 것을 뜻한다. 즉, '日日新又日新'하는 것을 말한다.

　　剛健 — 乾卦의 德(自彊不息)
　　　　　　　　　　　　　輝光 → 日新其德 → 大畜
　　篤實 — 艮(止)卦의 德(止於至善)

---

1) 經1章의 주 17)을 참고하라.

警:경계할 경 辭:글 사 洗:씻을 세 畜:쌓을 축 篤:도타울 독 輝:빛날 휘 剛:굳셀 강 健:튼튼할 건 彊:굳셀 강

2) 聖人이 以此로 洗心하야 (「繫辭上傳」)

　성인이 이것으로 마음을 씻어 맑게 하여,

　[설명] 五慾에 물든 마음을 맑게 씻는다는 뜻이다. 无思无爲寂然不動한 마음, 至善, 赤子心으로 돌아가기 위해 洗心하는 것이다.

朱子註

盤은 沐浴之盤也ㅣ라 銘은 名其器하야 以自警之辭也ㅣ라 苟는 誠也ㅣ라 湯이 以人之洗濯其心하야 以去惡이 如沐浴其身하야 以去垢故로 銘其盤하야 言 誠能一日에 有以滌其舊染之汚而自新則當因其已新者而日日新之하고 又日新之하야 不可略有間斷也ㅣ라

　盤은 목욕2)하는 그릇이요, 銘은 그 그릇에 새겨서 스스로 경계하는 말이다. 苟는 진실로(誠)이다. 湯王은 사람이 그 마음을 깨끗이 씻어 악한 것을 버리는 것은 마치 그 몸을 목욕하여 때를 벗기는 것과 같다고 여겼다. 그러므로 그 목욕통에 새겨서 말하기를, 진실로 능히 하루라도 그 옛 오염된 것을 씻어서 스스로 새로워짐이 있으면, 마땅히 그 새로운 것으로 인하여 날마다 새롭게 하고, 또 날마다 새롭게 하는 것을 간략하게 줄여서 사이가 끊어지는 일이 없음을 말씀하신 것이다.

[설명] 洗心하는 마음가짐을 며칠만하고 그만두는 것이 아니라 間斷없이 항상 생활화되어야 하겠다는 뜻이다. 이러한 문장의 뜻을 가지고 程子가 '親'은 '新'으로 함이 옳다고 했다.

---

2) 沐浴이란 머리를 감고 몸을 씻는 것이다. 沐은 머리를 감는다는 뜻이니 3일마다 沐한다. 浴은 몸을 씻는다는 뜻이니 5일마다 浴한다. (『禮記』「內則」)

繫:멜 계 沐:머리감을 목 浴:목욕할 욕 名:이름 명 器:그릇 기 去:갈 거 誠:정성 성 滌:씻을 척 染:물들일 염 因:인할 인 已:이미 이 略:다스릴 략 間:사이 간 斷:끊을 단

0202
康誥에 曰 作新民이라하며

「康誥」에 이르기를 "새로운 백성을 진작시켜라!" 하였으며,

總說

위의 글은 周公이 康叔을 殷나라 遺民이 사는 곳으로 보내면서 紂王의 治下에서 오염되고 타락된 백성들을 덕으로써 다스려 새로운 모습의 백성으로 만들도록 하라는 뜻에서 한 말이다.

各說

● 作新民이라하며: 백성을 날로날로 새롭게 만들어라는 뜻이다.

朱子註

皷之舞之之謂作이니 言 振起其自新之民也라

두드리고 춤추는 것을 이르되 作이라 하고, 그 스스로 새로운 백성을 진작시켜 일으키는 것을 말한다.

[설명] 作은 타인으로 하여금 행동하도록 유발하여 자기 자신이 스스로 행동하도록 하는 뜻이다. 聖君으로서 모범을 보여서 백성에게까지 미쳐서 진작시켜 나가도록 한다는 것이다.

皷:북 고 舞:춤출 무 振:떨칠 진 起:일어날 기

0203
詩曰 周雖舊邦이나 其命維新이라하니

『시경』에 이르기를 '周나라가 비록 옛 나라이나, 그 〈天〉命은 새롭다' 하였으니,

總說

위의 문장은 『詩經』「大雅」文王篇에 있는 한 구절이다.

各說

- 維新이라하니: 그물을 얽어매듯이 이어져 새롭게 발전해 왔다는 뜻이다. 周나라가 殷나라 末王인 紂王의 제후국이기 때문에 古公亶父(보)[3] → 王季 → 文王 → 武王 → 成王에 이르는 舊邦이라고 하겠다. 그 天命은 날로날로 발전하여 繼繼承承 이어져서 문왕의 德化로 인하여 그의 아들 武王때 비로소 天子의 位에까지 새로워졌다는 뜻이다. 주나라의 중흥을 뜻한다.

朱子註

詩는 大雅文王之篇이라 言 周國이 雖舊나 至於文王하야 能新其德하야 以及於民而始受天命也ㅣ라

詩는 「大雅」의 文王篇이다. 周나라가 비록 오래이나, 文王 때 이르러 능히

---

3) 古公亶甫 = 古公亶父 = 周나라의 太王.
雖:비록 수 邦:나라 방 紂:주임금 주 繼:이을 계 承:받들 승

그 덕을 새롭게 하여, 백성에게 미쳐서 비로소 하늘의 명(天命)을 받았음을 말한 것이다.
  · 言: 문법적으로 마지막에 해설한다.

[설명] 문왕 이전, 천여 년 제후국으로 있다가 문왕 이후 천자의 나라로 발전했다는 뜻이다.

0204
是故로 君子는 無所不用其極이니라

이러므로 君子는 그 지극한 것을 쓰지 않는 바가 없는 것이다.

> 各說

- 是故로: 위의 문장 곧 탕왕의 말, 康誥章의 말, 『시경』 문왕편의 말 등이 각각 설명한 내용을 다 종합적으로 생각하여 본다면의 뜻이 있다.
  · 湯王의 盤銘: 개인적인 修身 곧 自新의 방법을 말한 것이다(個人文).
  · 康誥의 引用文: 日日新의 明德을 백성에게까지 미치게 하는 것이다(『書經』).
  · 『詩經』의 文王篇: 자신과 新民의 극치를 말한 것이다(『詩經』).
  이처럼 傳文1章과 傳文2章은 모두 삼단논법으로 표현하고 있다.
- 其極이니라: 지극한 것. 즉, 至善을 말한다. 太極.

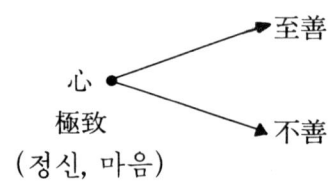

朱子註

自新新民은 **皆欲止於至善也**니라

스스로 새롭게 하고(自新), 백성을 새롭게 하는 것(新民)은 다 지극히 착한 것(至善)에 머물고자 하는 것이다.

右는 **傳之二章**이니 **釋新民**하다.

右는 傳文2章이니, 新民을 해석한 것이다.

皆:다 개 欲:하고자할 욕 止:머무를 지 於:어조사 어 至:이를 지 釋:해석할 석 民:백성 민

傳3章

0301
詩云 邦畿千里여 惟民所止라하니라

『시경』에 이르기를 "나라의 畿內千里여, 백성들이 머물러 사는 곳이다" 하였다.

- 邦畿: 천자의 힘이 도달되는 지역. 임금이 있는 서울을 중심으로 사방 오백리를 뜻한다. 王畿. 國畿.

> 總說

윗글은 세상의 만사, 만물에는 튼튼하게 지켜서 동요함이 있어서는 아니 되는 至善의 경지가 있다는 것을 말하고 있다.

邦:나라 방 畿:서울 기 惟:생각할 유 止:머무를 지

各說

- 詩云 邦畿千里여 惟民所止라하니라: 이 구절이 『시경』에서 인용되었음으로 좀더 감상적으로 표현하면, "시경에서 읊었다. 경기땅 천리여! 백성들이 살 만하여 머무르는 곳이로세……"가 된다. 이 玄鳥篇은 殷(商)나라 중흥왕인 武丁[1]을 제사하여 읊은 시다. 또 이 편에는 무정이 천하를 차지하게 된 내력이 담겨 있으며, 종묘에 제사하는 노래이다.

은나라 邦畿千里의 땅이 백성들이 머물러 살 곳이듯이, '至善'은 사람이면 누구나 머물러야 할 경지란 뜻이다. 이 詩는 千里라는 공간과 백성이라는 대상이 시사하듯이 국가, 사회 전체가 至善한 상태로 나아갈 것을 말했다고 볼 수 있다. 그러자면 자연히 먼저 그 성원이 되는 개인마다 至善에 처해야 함은 물론이다.

朱子註

詩는 商頌玄鳥之篇이라 邦畿는 王者之都也ㅣ라 止는 居也ㅣ라 言 物各有所當止之處也ㅣ라

詩는 「商頌」 玄鳥篇이다. 邦畿는 임금의 도읍이다. 止는 산다는 것이니, 사물이 각각 마땅히 머물 곳이 있음을 말한 것이다.

0302

詩云緡蠻黃鳥ㅣ여 止于丘隅ㅣ라하야날 子ㅣ 曰 於止에 知其所止로소니 可以人而不如鳥乎ㅣ아

---

1) 殷나라 高宗을 가리키며 殷나라 중흥의 英王이다.

『시경』에 이르기를 "꾀꼴꾀꼴 우는 꾀꼬리는 산이 높고 울창한 곳에 앉는다" 하였으니, 공자께서 말씀하시기를 "머무름에 있어서 그 머무를 곳을 아니, 사람으로서 새만도 못해서야 되겠는가!"라고 하셨다.

- 緡蠻: 새의 우는 소리. 『시경』에서는 緜蠻으로 기록되어 있으나 양 문헌에 기록된 글자의 語義는 같다.
- 黃鳥: 꾀꼬리. 꾀꼬리의 별명.
- 丘隅: 초목이 우거져 있는 멧부리.

總說

위의 문장은 공자가 至善을 알아 그것에 머물지 못하는 자를 경각시키기 위한 말이다.

各說

이 緡蠻篇은 먼 나라에 使臣으로 떠나는 신하에게 송별연을 베풀고 사명을 명심케 하자, 떠나는 사신도 각오를 새롭게 하고 떠나는 것을 노래한 시라고 한다. 즉, 꾀꼬리도 자기의 살던 처소를 찾아서 가는데 마땅히 사람으로서 자기(사신)의 소임을 다하고 돌아와야겠다는 각오를 하는 시다.

- 止于丘隅 l 라하야날: 멧부리가 높고 초목이 울밀한 곳은 그물(網)과 주살(弋)이 미치지 못하고 활과 살(弓矢)이 미치지 못하며, 황조가 평안하게 살 수 있는 곳을 뜻한다. 곧 '止于丘隅'는 황조의 樂地로써 황조가 안심하고 살 수 있는 곳이고, '止於至善'은 사람의 樂地로써 사람이 안심하고 평안히 살 수 있는 곳이라는 것이다.

武:굳셀 무 丁:성할 정 商:헤아릴 상 頌:기릴 송 玄:검을 현 鳥:새 조 都:도읍 도 居:있을 거
緡:새우는 소리 면 蠻:오랑캐 만 黃:누를 황 于:어조사 우 丘:언덕 구 隅:모퉁이 우

- 知其所止로소니: '止于丘隅'를 뜻한다. 微物인 꾀꼬리도 자기가 앉아서 쉴 곳을 알고 있거늘 하물며 만물의 영장이라고 하는 사람으로서 새만도 못해서야 되겠는가? 그러니 사람이 최후에 머물 곳은 至善이라고 하였으니 이 至善에서 머물도록 해야 한다는 뜻이다.
- 可以人而不如鳥乎ㅣ아: 〈미물인 새도 그렇게 앉을 곳을 찾아서 앉거늘〉 사람이 새보다는 나아야 하지 않겠는가?

위의 설명을 다시 정리하여 말하면, 삼림이 울밀한 멧부리는 꾀꼬리가 머무를 가장 적당한 곳이요, 안전한 곳이다. 마찬가지로 至善은 우리 인간에게 있어서 멧부리의 꾀꼬리와 같다는 뜻이다. 그래서 공자는 이 詩句를 들어서 "미물인 조그만 새조차도 능히 머물 곳을 알아서 머무는데 하물며 사람이 되어서 '止於至善'할 줄 모르고 도리어 새보다도 현명하지 못해서야 되겠는가?"라고 했다.

朱子註

詩는 小雅緡蠻之篇이라 緡蠻은 鳥聲이라 丘隅는 岑蔚之處ㅣ라 子ㅣ曰 以下는 孔子說詩之辭ㅣ니 言人이 當知所當止之處也ㅣ라

詩는「小雅」緡蠻篇에 있는 것이다. 緡蠻은 새가 우짖는 소리이다. 丘隅는 산이 높고 초목이 무성한 곳이다. 子曰 이하는 공자께서 『시경』을 해석한 말씀이니, 사람이 마땅히 머물 곳(살아야 할 곳)을 알아야 함을 말씀하신 것이다.

- 岑蔚之處: 산이 깊고 숲이 무성한 곳.
- 言: '言人이 當知所當止之處也ㅣ라'에서 '言' 이하를 먼저 해석하고, '言'은 뒤에 해석한다.

岑:멧부리 잠 蔚:풀 이름 울 處:살 처 孔:성 공 說:말씀 설 辭:말 사

0303

詩云 穆穆文王이여 於(오)緝熙敬止라하니 爲人君엔 止於仁하시고 爲人臣엔 止於敬하시고 爲人子엔 止於孝하시고 爲人父엔 止於慈하시고 與國人交엔 止於信이러시다

『시경』〈大雅 文王篇〉[2]에 이르기를 "거룩하고 거룩한 문왕이여! 아! 끊임없이 계속하여 빛내시어 공경하여 그치셨다" 하였으니, 남의 임금(人君)이 되어서는 어진 데 머무셨고, 남의 신하(人臣)가 되어서는 공경하는 데 머무셨고, 남의 아들(人子)이 되어서는 효도하는 데 머무셨고, 남의 아버지(人父)가 되어서는 자식들을 이뻐하고 사랑하는 데 머무셨고, 다른 나라 사람들(國人)과 함께 사귀는 데는 신의에 머무셨다.

- 穆穆: 언어, 동작이 아름답고 훌륭한 모양. 거룩하고 거룩한 모양. 온화한 모양. 威儀가 넘치는 모양.
- 於: 音을 '오'로 읽는다. 감탄사.
- 緝熙: 德化의 빛이 빛남. 빛이 밝은 모양. 朱子는 '緝'을 계속의 뜻으로 '熙'는 광명의 뜻으로 풀이했다. 즉, 계속하여 빛이 나는 모양.

總說

위의 문장은 聖王인 堯·舜·禹·湯의 덕을 빛내어 '緝熙敬止'나 '止於至善'에 있는 문왕의 실천적 내용으로 문왕 자신이 직접 체험한 것을 말한 글이다.

---

[2] 문왕이 덕을 닦아 마침내 天命을 받기에 이른 유래를 노래했고, 또 天命이란 덕이 있는 곳을 따르며 덕을 잃으면 떠나 버리기 마련이니, 길이 天命을 잃지 않도록 자손에게 타이른 가장 장엄한 글이다.
穆:공경할 목 於:탄식하는 소리 오 緝:계속할 집 熙:빛날 희 敬:공경할 경 慈:사랑 자 與:줄 여 交:사귈 교

各說

- 緝熙敬止라하니: 无復[3]이신 문왕의 덕망을 찬미한 구절이다. 항상 문왕의 마음이 善에서 머무르기 때문에 不善이 없다. 즉, 中 → 誠 → 无我之境 → 道通. 이와 관련하여 문왕 덕의 지극함을 『논어』에서 찾아보면 다음과 같다.

예) …… 三分天下에 有其二하샤 以服事殷하시니 周之德은 其可謂至德也已矣로다 (「泰伯」)

…… 〈문왕은〉 천하를 셋으로 나누어서 둘을 차지했으면서도 은나라를 섬겼으니 주나라의 〈문왕은〉 덕이 지극하다고 이를 수 있을 따름이니라.

[설명] 이처럼 될 수 있는 바는 문왕이 天命을 알고 至德하기 때문이다.

위의 본문장(0303)은 구체적인 至善의 경지를 말한 것이다. 즉,

① 人君으로서 善을 행하는 데는 무엇보다도 '仁의 경지'에 자리잡고 仁政을 펴야 한다. 문왕 자신이 그렇게 했다.
② 人臣으로서 善을 행하는 데는 처세에 무엇보다도 '敬의 경지'에서 忠誠을 다해야 한다. 문왕 자신이 그렇게 했다.
③ 人子로서 善을 행하는 데는 무엇보다도 '孝의 경지'에 머물러서 愛敬의 뜻을 나타내야 한다. 문왕 자신이 그렇게 했다.
④ 人父로서 善을 행하는 데는 무엇보다도 '慈의 경지'에 머물러서 자녀를 慈愛롭게 길러 이끌어야 한다. 문왕 자신이 그렇게 했다.
⑤ 國人交로서 善을 행하는 데는 '信義의 경지'를 굳게 지켜서 거짓이 없는 眞心을 토로하며 접해야 한다. 문왕 자신이 그렇게 했다.

결론적으로 이를 간단히 표로 나타내면 다음과 같다.

---

3) 태어나면서부터 五達道를 인식하고 있는 상태.
服:복종할 복 事:섬길 사 謂:이를 위 已:따름 이 泰:클 태 伯:맏 백

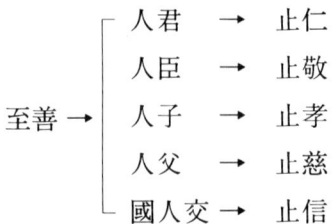

다섯 가지 예를 대표적으로 말하였으나 전부가 至善으로부터 나온 것이다. 또 仁, 敬, 孝, 慈, 信으로 표현하였으나 모두가 至善으로부터 나온 것이니 요사이 흔히 말하는 충효 사상도 결국 至善의 공부만 한다면 다 이룩될 수 있다는 것이다. 이 至善의 공부가 곧 易理 공부, 明明德 공부라고 할 수 있지 않겠는가?

朱子註

詩는 文王之篇이라 穆穆은 深遠之意ㅣ라 於(오)는 歎美辭ㅣ라 緝은 繼續也ㅣ오 熙는 光明也ㅣ라 敬止는 言其無不敬而安所止也ㅣ라 引此而言호대 聖人之止ㅣ 無非至善이니 五者는 乃其目之大者也ㅣ라 學者ㅣ 於此에 究其精微之蘊하고 而又推類以盡其餘則於天下之事를 皆有以知其所止而無疑矣ㅣ리라

詩는 文王篇이다. 穆穆은 깊고 멀다는 뜻이다. 於는 아름다움을 감탄하는 말이고, 緝은 이어서 끊임없는 것이고, 熙는 빛나고 밝은 것이다. 공경에 머문다는 것은, 그 공경하지 아니함이 없어서는 머무는 바에 편안함을 말하는 것이다. 이것을 인용하여 말하기를 聖人이 머무는 것은 지극히 착하지(至善) 않

穆:공경할 목 深:깊을 심 遠:멀 원 歎:읊을 탄 緝:계속할 집 續:이을 속 引:끌 인 至:이를 지 究:궁구할 구 精:정성스러울 정 微:작을 미 蘊:쌓을 온 推:밀 추 類:무리 류 餘:남을 여 事: 일 사 皆:다 개 疑:의심할 의

는 것이 없으니, 위의 다섯 가지(仁·敬·孝·慈·信)는 이에 그 條目의 큰 것이다. 배우는 자가 이것에 그 정밀함이 쌓이는 것을 궁구하고, 또 종류를 미루어서 그 나머지를 다하면, 천하의 일에 대하여 다 그 머물 데를 알아 의심함이 없을 것이다.

0304-1

詩云 瞻彼淇澳흔대 菉竹猗猗로다 有斐君子ㅣ여 如切如磋하며 如琢如磨ㅣ라 瑟兮僩兮며 赫兮喧(훤)兮니 有斐君子ㅣ여 終不可諠(훤)兮라하니

『시경』에 이르기를 "저 淇水 물가를 보아라, 푸른 대가 무성하도다! 우아하고 문채있는 군자여, 끊은 것 같고, 다듬은 것 같으며, 쪼아 놓은 듯하고, 간 듯하다. 장엄하고 꿋꿋하며, 환하고 의젓하니, 우아하고 문채있는 군자여! 끝내 잊을 수 없다" 하였으니,

- 淇: 일명 淇河. 河南省에서 出源하여 衛河에 합류하는 강. 그 유역에 淇園이라는 대나무 밭이 있었으며 江岸에는 푸른 대나무 숲이 美盛했던 모양이다.
- 澳: 江流의 굽이진 곳. 『시경』에는 '奧'으로 기록되어 있다.
- 菉: 綠으로 통용하여 쓴다. 『시경』에는 '綠'으로 기록되어 있다.
- 猗猗: 아름답게 무성한 모양.
- 瑟: 외모가 엄숙하고 묵직한 모양.
- 僩: 마음이 너그러웁고 서둘지 않는 모습.
- 赫: 속에 있는 덕이 밖으로 나타난다는 뜻.

瞻:볼 첨 彼:저 피 淇:강 이름 기 澳:모퉁이 욱 菉:조개풀 록 竹:대 죽 猗:성할 의 僩:굳셀 한 斐:문채날 비 磋:갈 차 琢:쪼을 탁 磨:갈 마 瑟:큰 거문고 슬 諠:지껄일 훤 赫:빛날 혁 喧:의젓할 훤 終:끝날 종 奧:따스할 욱 岸:언덕 안

- 赫喧: 德이나 威儀 등이 광명 성대한 모양.
- 喧: 위엄있는 뚜렷한 모습. 이름이 드러나는 것인즉 여기저기서 말한다는 것이다. '환'으로 읽는다.
- 斐: 문채나는 모양. 『시경』에는 '匪'로 기록되어 있다.
- 諠: 『시경』에는 '諼'으로 기록하고 있다. '환'으로 읽는다.
- 兮: 어조사 혜. 노래에 쓰이는 조사다. ~이여!

總說

위의 문장은 『시경』「衛風」淇奧篇으로 衛나라 武公의 덕을 칭송, 찬미한 내용의 글이다.

各說

- **瞻彼淇澳혼대 菉竹猗猗로다**: 풀어서 해석하면, "저 淇水의 물이 굽이진 곳에 푸른 대나무 숲이 무성하고 아름답게 있구나"가 된다. 이 시 구절은 덕을 많이 쌓은 武公을 대자연의 늠름하고 의젓한 기상으로 비유하여 설명하기 위한 유도 문장이다. 곧 興의 수법[4]이다. 이 자연으로부터 군자를 연상하게 된다.
- **有斐君子ㅣ여**: 綠竹의 군자 기상을 말한 것 같다. 위에서 읊은 대자연의 기상을 사람에다 비유하였는데 문채나고 우아한 군자에 상대하여 설명한 것이다. 여기서의 군자는 위나라 武公을 말한 것이다. 이러한 군자가 되기 위해서는 어떻게 공부해야 되고 어떤 노력을 해야 하는지 곧 明明德과 至善을 어떻게 해야, 가질 것인가를 말해 주는 구절이기도 하다.

무공은 나이 90세가 넘어서도 부지런하고 공부도 많이 하여 덕을 많이 닦

---
[4] 이 책 0304-2의 朱子註 [설명]란에 자세히 설명되어 있다.

앉다고 한다. 위의 시는 그에 대한 글이다. 이 무공의 明明德과 止於至善은 어떻게 하였는지 그 실례를 살펴보자.

예) 무공이 나이 95세였으나 오히려 조정에 경계해 말하기를 "卿에서부터 師長에 이르기까지 조정에 있는 사람들은 나를 아흔이 넘은 늙은이라 하여 버리지 말고 반드시 朝에 성실히 하여 아침 저녁으로 나를 경계시켜 한,두 마디 말을 들려 주면 내 마음 속으로 꼭 되뇌이면서 그 말을 받아 들여 내 스스로를 훈도하겠다"고 하였다.

- 如切如磋하며: 자르는 듯 쓸어내는 듯이 함은 동물의 骨이나 角(象牙) 등을 다루어 원하는 물건을 만드는 일을 뜻한다. 원래 骨·角을 다루는 이가 칼과 톱으로 잘라서 모양을 만들어 놓고 줄과 대패로 쓸어서 骨·角을 광택 나게 한다. 이러한 것과 같이 사람이 배움에 있어서도 대개 그 윤곽을 얻는 데서 그치는 것이 아니라 더욱 그 정밀을 추구해 나아간다는 뜻이다. 그 방법에 있어서는 '切'한 다음에 '磋'한다.[5]

- 如琢如磨ㅣ라: 쪼으는 듯 가는 듯 함은 玉·石을 다루는 자가 먼저 망치와 끌로써 玉·石을 쪼아서 모양을 잡아 놓고는 모래와 돌(金剛石)로 그것을 갈아 광채나게 하듯이 사람이 수양함에 있어서도 더욱더 원만한 경지로 정진해 나아간다는 뜻이다. 그 방법에 있어서는 '琢'한 다음에 '磨'해야 한다.[6] 이렇게 '學'과 '德'을 닦는 것이 곧 至善을 구하는 방법으로써 切磋만으로는 될 수 없고, 琢磨한 뒤에야 가능하다는 말이다. 如切如磋, 如琢如磨를 합하여 '切磋琢磨'라고 한다. 이는 첫째는 道學君子의 공부하는 방법을 말한 것이요, 둘째는 人格陶冶하는 방법을 말한 것이요, 셋째는 止於至善의 경지에 나아가는 것을 말한 것이다.

- 瑟兮僴兮며: 비파나 거문고를 타면 마음이 和해진다. 절차탁마로 學과 德을 닦아 나아갈 때 안으로 가지는 마음가짐을 표현한 말이다. 마음이 장엄하고 꿋꿋한 內心의 근엄을 뜻한 것이다(形而上學的인 것).

- 赫兮喧兮니: 學과 德을 닦아 나아갈 때 밖으로 가지는 마음가짐을 표현한

---

5) 切-骨, 磋-角(象)을 뜻한다.
6) 琢-玉, 磨-石을 뜻한다.

말이다. 환하고 뚜렷하심이여! 밖으로 구차스럽지 않아 훤하고 뚜렷함이 있게 되나니 이것은 곧 威儀로써 學德을 닦음에서 오는 증험이다. 言動上에서 발현한 상태가 아주 당당하고 훌륭한 것이다(形而下學的인 것).

● 終不可諠兮라하니: 내내 잊지를 못하겠구나! 절차탁마로 瑟兮僴兮를 잊지 말아야 有斐君子가 될 수 있다는 뜻이다. 至善에 붙여서 말한 것이다.

瞻彼淇澳
菉竹猗猗] 有斐君子

切磋琢磨
瑟兮僴兮] 有斐君子 → 終不可諠兮

0304-2
如切如磋者는 道學也오 如琢如磨者는 自脩(修)也오 瑟兮僴兮者는 恂慄也오 赫兮喧(훤)兮者는 威儀也ㅣ오 有斐君子終不可諠兮者는 道(言)盛德至善을 民之不能忘也ㅣ니라

如切如磋라고 하는 것은 학문(배움)을 말한 것이고, 如琢如磨라고 하는 것은 스스로 덕을 닦는 것이요, 瑟兮僴兮라고 하는 것은 내심의 근엄함이요, 赫兮喧兮라고 하는 것은 위엄도 있고 본받을 만한 행동이 있는 것이요, 우아하고 문채나는 군자님을 끝내 잊을 수 없다는 것은 盛한 덕과 지극히 착한 것(至善)을 백성이 능히 잊지 못함을 말한 것이다.

· 威儀: 외모에 나타나는 태도와 풍채가 위엄 있고 예절에 맞아 당당한 모습을 말한다.

切:끊을 절 磋:갈 차 琢:쪼을 탁 磨:갈 마 脩:닦을 수 瑟:큰 거문고 슬 僴:굳셀 한 恂:정성 순 慄:두려워할 률 赫:빛날 혁 喧:의할 훤 斐:문채날 비 終:끝날 종 諠:지껄일 훤 盛:담을 성 忘: 잊을 망

各說

- 道學也오: 강습하고 토론하여 나의 지성을 넓히고 연구하는 것.
- 自脩也오: 나의 마음 속까지 깊게 돌아보고 不善을 제거하여 善으로 나아가려는 내적 노력에 비유한 것이다.
- 恂慄也오: 天理의 所在를 찾아서 시종 나의 內心을 戰戰하게 경계해 마지 않는 것이다. 조심하고 두려워하는 것. 정신적인 면에서의 작용을 가리킨다.
- 盛德至善을: 明明德과 止於至善을 말한다. 지극히 착한 데 머물러 있는 군자였기 때문에 백성이 잊지 못한다는 것이다. 그러므로 '至善'이 가장 중한 바이다. '止於至善'만 되면 위의 문장처럼 될 수 있으며, 永世不忘의 사람이 될 수 있다.

朱子註

詩는 衛風淇澳之篇이라 淇는 水名이라 澳은 隈也ㅣ라 猗猗는 美盛貌ㅣ라 興也ㅣ라 斐는 文貌ㅣ라 切은 以刀鋸오 琢은 以椎鑿이니 皆裁物하야 使成形質也ㅣ오 磋는 以鑢錫이오 磨는 以沙石이니 皆治物하야 使其滑澤也ㅣ라 治骨角者는 旣切而復(부)磋之하고 治玉石者는 旣琢而復(부)磨之하니 皆言其治之有緖而益致其精也ㅣ라 瑟은 嚴密之貌ㅣ오 僴은 武毅之貌ㅣ라 赫喧은 宣著(저)盛大之貌ㅣ라 諠은 忘也ㅣ오 道는 言也ㅣ라 學은 謂講習討論之事ㅣ오 自脩者는 省察克治之功이라 恂慄은 戰懼也ㅣ라 威는 可畏也ㅣ오 儀는 可象也ㅣ라 引詩而釋之하야 以明明明德者之止於至善이라 道學ㅣ 自脩는 言其所以得之之由ㅣ오 恂慄威儀는 言其德容表裏之盛이오 卒乃指其實而歎美之也ㅣ라

詩는 「衛風」 淇澳篇이다. 淇는 강 이름이요, 澳은 강의 모퉁이다. 猗猗는 아름답고 盛한 모양이니, 興이다. 斐는 문채나는 모양이다. 切은 칼과 톱으로 끊는 것이요, 琢은 방망이와 정을 쳐서 쪼아 내는 것이니, 이 모두가 〈事〉物件을 마름질하여 〈事〉物件의 形象과 바탕을 이루는 것이요, 磋는 줄과 대패로 미는 것이요, 磨는 모래와 돌로 가는 것이니, 모두 물건을 다듬어서 매끄럽고 윤택하게 하는 것이다. 뼈와 뿔을 다듬는 것은 이미 끊고 다시 그것을 쓸고(윤기 있게 하고), 옥과 돌을 다듬는 것은 이미 쪼우고 다시 그것을 가는 것이니, 모두 그 다듬는 데는 순서(緖)가 있어 더욱 정밀하게 滑澤하게 한다는 말이다. 瑟은 엄하고 빽빽한 모양이요, 僩은 굳세고 의연한 모양이다. 赫喧은 베풀어서 나타나고 盛하고 큰 모양이다. 諠은 잊는다는 뜻이고, 道는 말하는 것이다. 學은 강습하여 토론하는 일을 말함이요, 自脩라는 것은 자기 자신을 살피고 능히 다스리는 공이요, 恂慄은 조심하고 두려워하는 것이다. 威는 가히 두려워할 만한 것이요, 儀는 능히 본받을 만한 것이다. 『시경』을 인용하고 해석하여 明明德한 사람의 止於至善을 밝힌 것이다. 道學과 自脩는 그 얻게 된 소이의 이유를 말한 것이요, 恂慄과 威儀는 그 덕의 모양이 표리가 盛한 것을 말한 것이니, 마침내 그 실제를 가리켜서 감탄하고 아름답게 여기는 것이다.

・水: 江과 같다.

● 道는 言也ㅣ라: 道는 '말씀 언'자와 같다는 뜻이다.
[설명] 『시경』은 책 구성이 風・雅・頌으로 되어 있고, 그 내용의 문장 구성은 比・賦・興으로 되어 있다. 比는 비교하는 문장 구성법이고, 賦는 直敍하는 문장 구성법이고, 興은 어떤 일을 시로 읊을 때 먼저 다른 사물을 말하고

澳:모퉁이 욱 貌:모양 모 興:일 흥 鋸:톱 거 琢:쪼을 탁 椎:몽치 추 鑿:뚫을 착 裁:마를 재 質:바탕 질 磋:갈 차 鑢:줄 려 錫:대패 탕 磨:갈 마 沙:모래 사 治:다스릴 치 滑:미끄러울 활 澤:못 택 骨:뼈 골 角:뿔 각 旣:이미 기 復:다시 부 緖:실마리 서 益:더할 익 致:보낼 치 瑟:큰 거문고 슬 嚴:엄할 엄 密:빽빽할 밀 武:굳셀 무 毅:굳셀 의 赫:빛날 혁 喧:의젓할 훤 著:분명할 저 忘:잊을 망 講:익힐 강 習:익힐 습 省:살필 성 察:살필 찰 戰:두려워할 전 懼:두려워할 구 威:위엄 위 畏:두려워할 외 儀:거동 의 象:코끼리 상 釋:해석할 석 容:얼굴 용 表:겉 표 裏:속 리 卒:마칠 졸 歎:감탄할 탄

그에 따라 주제를 이끌어 내는 방법이다. 興은 『시경』에서 거의 반을 차지하며, 전주곡, 先言他物이라 할 수 있다. 아무 관계도 없는 딴 물건을 빌려다가 자기의 뜻을 나타내는 것을 興體라고 한다. 切과 琢은 의미가 비슷하다. 둘 다 사물을 손질하는데 1차적인 일을 하는 것이고, 磋와 磨 역시 그 의미가 비슷하다. 매끄럽고 윤택하게 손질하는 2차적인 일을 한다는 것이다.

0305
詩云 於戱(오호)ㅣ라 前王不忘이라하니 **君子**는 **賢其賢而親其親**하고 **小人**은 **樂其樂而利其利**하나니 **此以沒世不忘也**ㅣ니라

『시경』에 이르기를 "아아! 앞서 가신 前王(文·武王)의 덕을 잊지 못하리로다!"고 했나니, 君子는 〈前王이〉 어질게 여기는 사람들을 자기도 어질게 여기고, 그 친하게 여기는 사람들을 자기도 친하게 여기고, 〈문·무왕 이후의〉 백성들은 그 즐거움을 즐기고 그 이로움을 이롭게 여기니, 이 때문에 세상을 떠나더라도 잊지 못할 것이다.

· 於戱: 오호. 감탄사. 『시경』에서는 "於乎前王不忘……"으로 되어 있다.
· 小人: 여기서는 백성으로 해석.

總說

윗글은 『시경』「周頌」烈文篇에서 인용한 것으로 文王과 武王의 德治를 칭송한 글이다. 그 後의 君, 臣, 民들이 그 治德을 차마 잊을 수 없음과 聖德을 보여준 문·무왕 때의 明德과 至善이 후대까지 미치게 되었으니 모든 백성들이 함께 향유할 수가 있다는 것을 읊은 시이다.

戱:탄식할 호 賢:어질 현 親:친할 친 樂:풍류 악 利:이로울 리 沒:빠질 몰 世:대 세

各說

- 於戲ㅣ라 前王不忘이라하니: 문왕과 무왕의 덕을 잊지 못한 백성들이 감탄하여 표현한 문장이라고 할 수 있다. 얼씨고 좋다! 앞서 가신 왕! 문·무왕의 덕을 백성이 사모하는 뜻이 담겨져 있다. 이것으로 보아 止於至善에 머문 明德이 얼마나 좋은 것인지를 알 수 있겠다.
- 小人은 樂其樂而利其利하나니: 백성은 문·무왕이 즐기던 것을 자기도 즐길 수 있고, 문·무왕의 이로운 것이 자기도 이로울 수 있다는 것이다.
- 此以沒世不忘也ㅣ니라: 사람으로 대비하면 공자 같은 성인은 이 세상을 떠나 죽고 없어도 그 이름은 영원히 남게 된다는 것이다.

여기서 위의 문장을 좀더 분석하여 설명해 보도록 하자. 止於至善에 도달한 자를 君子라고 한다. 그 君子가 至善에 도달한 마음을 표현한 글이 바로 위의 문장이다.

① 賢其賢而親其親〔君子〕: 자기가 어질기 때문에 그 어진 사람을 어질게 알고 그 친한 사람이 서로 친하게 된다. 친하지 아니한 사람이 친한 사람과 뜻이 같을 수 없다. 止於至善한 사람은 至善한 사람끼리 서로 알아 주고 친하기 마련이다. '聖人이라야 能知成人한다'는 뜻과도 같다. '親은 當作新이라' 하였으니 그 새롭게 하는 사람이 새롭게 하는 사람과 친하다는 것이다. 바로 類類인 것이다.

② 樂其樂而利其利〔小人〕: 나쁜 짓하는 즐거움을 가진 사람이 즐거워하고, 어떻게 하면 이익을 가질 수 있을까 하는 마음을 가진 사람들이 서로 이롭게 한다. 바로 小人의 심리 작용을 거울 들여다보듯 표현한 문장이다.

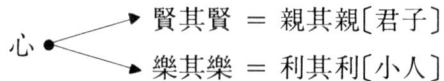

또 易學에서 윗문장과의 연관되는 공통점을 찾아보자면,
　예)九五曰 飛龍在天利見大人은 何謂也오 子ㅣ曰 同聲相應하며 同氣相求

하야 水流濕하며 火就燥하며……則各從其類也ㅣ니라 (『周易』 ☰ 乾卦)
九五에서 말하길 "나는 용이 하늘에 있으니 대인을 만남이 이롭다함은 무엇을 이르는 것인가?" 하였다. 서로 같은 소리는 응하고 같은 기운은 서로 구하여, 물은 젖은 데로 흐르고 불은 마른 곳으로 타고……곧 〈이것은〉 그 류를 좇아 각각 따르는 것이다.

[설명] 也山의 "九五의 先后天變圖說"[7]에서 先天과 后天을 뛰어 넘을 수 있는 힘을 가진 것이 至善이라는 것인데, 과연 至善이 그 무엇인지는 몰라도 이렇게 좋은 것이며 죽어서라도 永世不忘의 慶事가 있게 되는 것이라고 한다. '同聲相應, 同氣相求' = 類類相從, 군자는 군자를 찾고 소인은 소인과 어울린다.

이제 傳文3章(止於至善篇)을 마무리하는 의미에서 총정리를 하여 보자. 傳文3章의, 첫번째 구절: 詩云 邦畿千里여 惟民所止라하니라(0301), 두 번째 구절: 詩云 緡蠻黃鳥ㅣ여 止于丘隅ㅣ라하야늘~(0302), 세 번째 구절: 詩云 穆穆文王이여 於緝熙敬止라하니~(0303). 이 세 구절은 직접적인 풀이로써 止於至善을 나타냈으며 至善이 어떠한 것이라는 것을 말했다. 네 번째 구절: 詩云 瞻彼淇澳혼대 菉竹猗猗로다~(0304)과 다섯 번째 구절: 詩云 於戱ㅣ라 前王不忘이라하니 ~(0305)에서는 직접적인 풀이로써 '止於至善'이라는 말은 없으나 본장이 '止於至善'章이니 이것을 설명하기 위한 직접적인 풀이가 없더라도 止於至善이 설명되었다고 하겠다.

明德을 들어 至善의 경지에 도달하는 바에 대하여 표로 쉽게 이해를 하자면 다음과 같다.

---

7) 也山(李達)은 亞山의 스승이다(編輯者註). 伏羲先天八卦와 文王后天八卦의 方位圖가 그 卦象의 위치가 바뀌어 있다. 이에 대하여 『주역』 원문에서는 그 연유를 찾아 볼 수 없으나 也山은 독창적 학설로 乾卦九五爻에서 그 연유를 이론적으로 전개하였다. 이것이 也山의 九五變圖說이다.
聲:소리 성 濕:축축할 습 就:이룰 취 燥:마를 조 從:좇을 종 類:무리 류 后:뒤 후 變:변할 변
隅:모퉁이 우 穆:화목할 목 緝:낳을 집 瞻:볼 첨 澳:모퉁이 욱

菉竹猗猗 → 有斐君子 → $\begin{bmatrix}切磋琢磨\\瑟僩赫喧\end{bmatrix}$ → $\begin{bmatrix}誠德(明德)\\至善(止於至善)\end{bmatrix}$ 民之不忘
(효과)

前王不忘 → $\begin{bmatrix}君子:賢其賢而親其親(上學) → 明德, 止於至善\\小人:樂其樂而利其利(下學) → 不明德, 不至善\end{bmatrix}$ 沒世不忘
(文王의 德, 至善)　　　　　　　　　　　　　　　　　　　　　　　　　　(효과)

'民之不忘'이나 '沒世不忘'이라고 한 바는 ①止於至善의 결과가 얼마나 좋으며 이를 위하여 덕을 어떻게 닦아 나가야 하느냐는 것이고(효과) ②明德으로써 至善에 이르면 그 효과가 永世不忘이라는 것이다. 여기에 우리는 不善한 것으로도 '永世不忘한다'는 것을 잊어서는 아니 된다.

이 傳文3章을 易學과의 관계에서 살펴 정리하면,

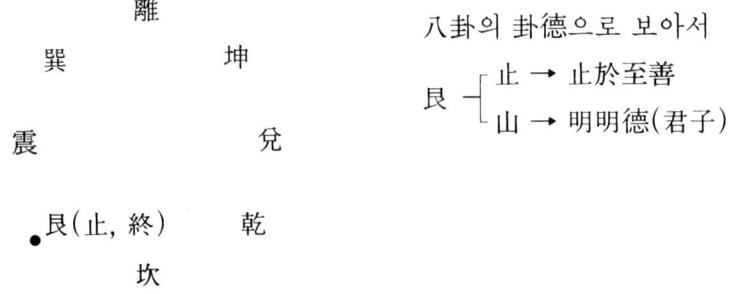

①"邦畿千里여 惟民所止라하니라"라고 한 것은 艮方만이 살 길이다. 또는 이 때를 당하여 至善을 해야 한다는 뜻이 아닐까? ②"緡蠻黃鳥ㅣ여 止于丘隅ㅣ라하야날"에서 微物도 자기 살 곳을 찾아서 가는데 사람이 이것을 몰라 되겠는가. 그 살 곳은 艮方이고 孔子學問이 꽃피우는 곳으로…….[8]

그 至善하는 방법을 표로 나타내 보면,

---
8) 묘하게도 공자의 諱가 丘이다.

```
切磋琢磨  ┐
瑟僩赫喧  ┘ → 賢其賢而親其親 → ┌ 民之不忘
                                └ 沒世不忘
```

```
積善    －  有慶  －  生
不積善  －  有殃  －  死
```

결국 明德하여 至善이면 살아 남을 수 있다.

朱子註

詩는 **周頌烈文篇**이라 **於戱**는 **歎辭**ㅣ라 **前王**은 **謂文武也**ㅣ라 **君子**는 **謂其後賢後王**이오 **小人**은 **謂其後民也**ㅣ라 **此言**은 **前王所以新民者**ㅣ **止於至善**하야 **能使天下後世**로 **無一物不得其所**하니 **所以旣沒世而人**이 **思慕之**하야 **愈久而不忘也**ㅣ니라

　詩는 「周頌」 烈文篇이다. 於戱는 감탄하는 말이다. 前王은 문왕과 무왕을 이른다. 君子는 그 훗날 어진 사람과 뒷임금을 이르는 것이고, 小人은 그 훗날 백성을 이르는 말이다. 이는 前王이 백성을 새롭게 한 것이 至善에 그쳐서 능히 천하와 후세로 하여금 한 물건이라도(누구라도) 그 곳을 얻지 못한 것이 없게 하여, 이미 세상을 떠났어도 사람들이 사모하여 더욱 오래되어도 잊지 못하는 것을 말하는 것이다.

　· 所以~ : 말하는 바이다. 말하는 까닭이다.

此兩節은 **詠歎淫泆**하야 **其味深長**하니 **當熟玩之**ㅣ라

　이 두 절은 빠져서 넘치는 데 영탄하여 그 의미가 沈長하니, 마땅히 익히 살펴보아야 한다.

頌:기릴 송 烈:세찰 렬 慕:그리워할 모 愈:더욱 유 詠:읊을 영 淫:넘칠 음 泆:빠질 일

● 此兩節은: 詩云 瞻彼淇澳혼대~(0304-1), 詩云 於戱ㅣ라~(0305)
● 詠歎淫泆하여: 문왕과 무왕이 자기의 할 일에 있어 至善에 빠져 있다는 뜻.

右는 傳之三章이니 釋止於至善ㅣ하다

右는 傳文3章이니, 止於至善을 해석한 것이다.

此章內에 自引淇澳詩以下ㅣ로 舊本에 誤在誠意章下ㅣ러니라

이 章 안에 淇澳의 詩를 인용한 이하는 舊本에 잘못되어 誠意章 아래에 있었다.

長:길 장 熟:익을 숙 玩:구경할 완 釋:해석할 석

傳4章

0400
子ㅣ 曰 聽訟이 吾猶人也ㅣ나 必也使無訟乎ㅣㄴ져하시니 無情者ㅣ 不得盡其辭난 大畏民志니 此謂知本이니라

　공자께서 말씀하시기를 "訟事를 듣고서 처리하는 것은 나도 다른 사람과 같으나, 반드시 백성들로 하여금 송사함이 없게 하겠다"하셨으니 實情이 없는 자가 하고자 하는 말을 다하지 못하는 것은 백성의 뜻을 크게 두려워하기 때문이니, 이것은 근본을 알아서 행하는 일이라 하였다.

總說

　윗문장은 『논어』 「안연」에서 공자의 말을 인용한 것으로 『대학』에서 의혹과 말이 많은 대문이다. 그리고 이 傳文4章은 本末을 해석한 대문이다.

聽:들을 청 訟:송사할 송 吾:나 오 猶:같을 유 情:뜻 정 盡:다될 진 辭:말 사 畏:두려워할 외 志:뜻 지

各說

- **無情者 l**: 자기의 本性대로 살지 아니하는 자를 말함. 여기서 情을 性과 상대되는 의미로 본다면 다음과 같이 해석되어질 수 있다.
  - **情者**: 송사를 하는 데는 반드시 상대방이 있어야 하고 또 그 중 한 사람은 진실이 아니다. 이 진실을 가지지 아니한 자가 진실을 가장하여 송사를 하는 자, 곧 마음이 不善한 자를 이르는 말이다.
  - **無情者**: 中道를 가진 자. 어느 한 곳으로도 치우치지 아니하고 나쁜 것은 나쁘고 좋은 것은 좋다고 말할 수 있는 자. 私心이 없는 公心을 가진 자를 이르는 말이다.
  - **情**: 外表로 나타나 있는 實狀. 형이하학적으로 쉽게 알아볼 수 있는 상태.

$$情 \rightarrow \begin{array}{c}立\\+青\\心\end{array}$$

- **不得盡其辭난**: 眞實性(善)을 가지고 있지 아니하는 자가 송사를 할 때 말을 다할 수가 없는 것이다. 만약에 不正, 不善한 말이 모두 나오게 되면 비난을 받을 것이며, 無情者의 신분이 탄로나게 되는 것이다. 一說에는 이 구절을 해석하기로 다음과 같이 한다. 나쁜 것을 가장하여 양심을 속이고 시비를 걸려고 하는 그 마음을 가지지 아니하도록 한다. 즉, 德治나 明明德의 聖人 앞에서는 거짓이 있을 수 없다는 것이다.
- **大畏民志니**: 〈백성이 다 알기 때문에〉 백성의 志를 크게 두려워한다고 하였다. 여기서 '民志'는 정치적인 내용으로 설명한 것이나 道學的인 면에서 볼 때 天理·理致·眞理·至善 등으로 말할 수 있으니, 善이 不善을 제압하고 不正이 至善·天理를 제압해서는 아니된다는 뜻이다. 곧 無情者의 결과론이다. 이와 관련하여 『논어』의 글을 인용하여 보자.
  예) 孔子曰 君子ㅣ 有三畏하니 畏天命하며 畏大人하며 畏聖人之言이니라 小人은 不知天命而不畏也ㅣ라 狎大人하며 侮聖人之言이니라 (「季氏」)

공자께서 말씀하시기를 "君子는 세 가지를 두려워함이 있으니, 天命을 두려워하며, 大人을 두려워하며, 聖人의 말씀을 두려워한다. 小人은 天命을 두려워하지 아니하며, 大人을 함부로 대하며, 聖人의 말씀을 업신여긴다"고 하셨다.

● 此謂知本이니라: 송사가 일어나고 또 無情者가 그 말을 다하지 못하는 것은 결과로 보아 좋지 못한 것이 나타난 것이다. 이러한 모든 것을 없애고 송사가 없는 사회를 만들려면 송사가 일어나지 않도록 송사의 근본적인 내용을 알아서 치유하고 교화한다면 될 것이 아니겠는가? '爭'은 결국 나로 말미암아 생기는 것이다. 서로 많이 가지려는 物欲之心이 있기 때문에 爭이 있는 것이니, 이 物欲을 막아버리고 道心에서 살려고 하면 平天下가 될 것이다. 곧 明德이 세상에 퍼지면 新民은 자동적으로 이룩되는 것이니 本은 明明德이요, 末은 新民·平天下라고 할 수 있다(訟事가 없는 것).

訟事[1]는 인간이 생존하는 한 없을 수 없지만, 이것을 없애는 데는 윤리 도덕이 高揚되어야 하고 상호의 이해가 필요한 것이다. 이와 같이 송사가 없게 되려면 '正其本淸其源則無訟矣'[2]하면 없지 아니할까?

송사하는 사람의 말을 듣건데, 송사를 하는 사람이나 판결을 해 주는 사람이나 모두가 다 결과적으로는 좋은 것이 아니니 아예 처음부터 송사가 없었던 상태가 되도록 노력해야겠다는 뜻이다. 이것이 공자가 말한 '근본을 미리 다스린다'는 뜻이다.

『논어』에 공자와 子路[3]의 대화에서 子路는 "아무리 격하고 큰 송사라 할지라도 내가 한마디만하면 이 송사를 없앨 수가 있다"고 하였다. 이에 대꾸하여 공자가 한 말이 위의 본대문이다.

---

1) 爭之小者→訟事(是非), 爭之大者→戰爭.
2) 그 근본이 바르고 그 근원이 맑기에 곧 송사가 없다.
3) 子路(B.C.542~B.C.480)는 공자 제자 중 한 사람이며, 姓은 仲, 諱는 由, 字는 子路 혹은 季路라 한다. 공자 제자 중에서 용맹이 있는 사람으로서 유명함. 魯나라와 衛나라에서 벼슬을 하였는데 B. C. 480년(哀公15년) 위나라 내란 중에 죽었다.
狎:익숙할 압 侮:업신여길 모 爭:다툴 쟁 高:높을 고 揚:오를 양 淸:맑을 청 源:근원 원

子路는 잘 판결해 주겠다고 했고, 공자는 아예 처음부터 송사가 없게끔한다고 했는데 공자의 뜻은, '나도 너와 같이 송사 판결을 잘하여 줄 수 있으나 결과로는 좋지 아니하니 송사하게 되는 그 원인 곧 근본을 알아서 당초부터 송사가 없도록 德化(教化)⁴⁾로써 방지하는 것이 좋겠다. 이것을 나는 하려고 한다. 송사가 없도록 하는 것이 더 좋은 것이 아니겠는가?' 하는 것이다. 여기서 공자의 송사에 대한 태도는 子路보단 한 차원이 더 높음을 알 수 있다. 이와 관련하여 『주역』에서 ䷅訟卦의 일부를 인용하여 보자.

예) 訟은 有孚나 窒하야 惕하니 中은 吉코 終은 凶하니 利見大人이오 不利涉大川하니라 九五는 訟에 元吉이라

〈소송이란 쌍방이 자신이 있기 때문에 하는 것이므로〉訟은 성실함이 있으나 막혀〈의견이 대립하니〉두려워 조심한다면 중간은 길하고〈끝까지 밀고 나가면 싸움은 쌍방을 모두 상하게 할 것이니〉끝내는 흉할 것이다. 어진 사람의 중재를 구하면 이롭고(利見大人) 위험을 각오하면서까지 끝을 보려 한다면 깊이 빠져 비참한 결과가 될 것이다(不利涉大川). 九五는 소송에 크게 길할 것이다.

[설명] 이런 자는 큰 일을 하지 못할 것이며, 日午中天의 大川을 건너지 못할 사람이다.⁵⁾ 九五는 剛健中正의 君位에 있으므로 송사를 들어 그것을 평정하는 위치에 있다. 그러므로 송사에 크게 길함은 당연하다. 大吉은 인위적이나 元吉은 자연적인 것이다. 占에 이 爻를 얻으면 반드시 뻗어 나갈 수 있는 이로움이 있을 것이다.

오늘날 송사가 벌어지면 법원에서 판사가 聽訟을 하는데 고대에도 이와같은 제도가 있었다. 『周禮』에 의하면 당시에 小司寇의 직책이었는데 '五聽'으

---

4) 德化(教化): 明明德이 된 사람이 백성으로 하여금 不善한 행동을 못하도록 하는 것. 이러한 덕이 백성에게까지 미쳐서 그 덕을 가지도록 교육시키고 따라오도록 만드는 것이 教化라고 한다.
5) 『亞山의 中庸講義』 제25장 참조.
孚:미쁠 부 窒:막을 질 午:교착할 오 剛:굳셀 강 健:튼튼할 건 元:으뜸 원 司:맡을 사 寇:도둑 구

로 사건의 진상을 파악하여 알아내고 판결하였다고 한다. 이 五聽에 대해 알아보기로 하자.

①辭聽: 訟事者 간의 진술을 토대로 판단하는 것. 정직하지 못하면 진실을 은폐하기 위하여 말이 많다. 그 예로『주역』의 문장을 인용하여보자.

예)吉人之辭는 寡하고 躁人之辭는 多하고 誣善之人은 其辭ㅣ 游하고
(「繫辭下傳」)

덕이 있는 사람은 말이 적고 조급한 사람은 말이 많고 선한 자를 무고한 자는 그 말이 유리되고.

②色聽: 顔色을 살펴보면 정직성을 알 수 있다. 양심을 속이고 부정직하면 안색이 붉어진다는 것이다.

③氣聽: 호흡하는 것과 숨쉬는 것을 살펴보면 알 수 있다. 정직하지 못하면 숨소리가 헐떡거린다는 것이다.

④耳聽: 말을 받아 듣는 것을 보고 알 수 있다. 정직하지 못하면 헛갈리게 듣는다는 것이다.

⑤目聽: 눈동자를 살펴보면 안다. 정직성이 없으면 눈동자가 맑지 못하다는 것이다.

위의 五聽과 함께 直觀과 靈感으로 일을 처리하여 충분히 事件의 曲直을 가리는데 가능했을 법도 하다. 그런데 재판을 담당하여 그 是非曲直을 가려내는 일쯤이야 나도 다른 사람만큼은 할 수 있다. 그러나 是非曲直을 잘 가리고 못 가리고는 말단적인 일이다. 반드시 이 사회로 하여금 소송 사건 따위의 일이 애초에 일어나지 않도록 근본을 다스려야 한다. 다시 말하여 明判을 능사로 알 것이 아니라 재판하기를 기다리지 않고 송사가 저절로 없어지도록 사회악의 뿌리를 뽑아야 한다는 말이며 백성으로 하여금 저마다 '遏惡揚善'(악을 막고 선을 드높임)하는 정신을 고쳐시키고 또 덕화시켜 나아가야 하겠다. 옛날이나 지금이나 獄舍가 쑥밭이 되고 법정에는 파리가 날릴 만큼 되어야 가장 잘 된 정치요, 또 그것이 정치의 최후 목표이자 이상이다. 자신의 明德을 밝혀

聽:들을 청 寡:적을 과 躁:성급할 조 誣:무고할 무 游:헤엄 유 直:곧을 직 觀:볼 관 靈:신령 령 感:느낄 감 遏:막을 알

백성을 새롭게 해 가는 것만이 근본을 아는 것이다. 聖人이 자신의 德力으로 백성들의 心志를 畏服시킨 그 단계를 이미 넘어서 聖人의 德力에 덕화된 백성들의 심지를 無情者가 두려워하는 단계가 보다 한걸음 나아간 경지라는 것이 차원 높은 본장에 대한 해설이 되겠다.

朱子註

猶人은 不異於人也ㅣ라 情은 實也ㅣ라 引夫子之言而言聖人이 能使無實之人으로 不敢盡其虛誕之辭는 蓋我之明德이 旣明하야 自然有以畏服民之心志故로 訟不待聽而自無也ㅣ라 觀於此言에 可以知本末之先後矣ㅣ라

猶人은 남과 다르지 아니하다는 것이다. 情은 實이다. 공자의 말씀을 인용하여 말하기를, 성인이 능히 實(眞實・善)이 없는 사람으로 하여금 감히 그 虛誕한 말을 다하지 못하게 하는 것은, 대개 자신의 밝은 덕(明德)이 이미 밝아서 자연히 이 밝음으로써 백성의 마음과 뜻을 두려워하여 굴복하게 하는고로 송사 듣기를 기다리지 아니하여도 저절로 없게 된다는 말이다. 이 말씀을 본다면 가히 근본과 끝(本末)의 먼저와 뒤(先後)를 알 것이다.

· 虛誕: 근거 없는 거짓말.

● 不異於人也ㅣ라: 남과 다르지 아니하다. '人'은 나 이외 다른 사람이고 '於'는 비교를 나타내는 뜻이 있다.

右는 傳之四章이니 釋本末하다.

右는 傳文4章이니, 本末을 해석하였다.

猶:오히려 유 異:다를 이 引:끌 인 敢:감히 감 誕:태어날 탄 旣:이미 기 待:기다릴 대

此章은 **舊本**에 **誤在止於信下**ㅣ하니라

이 章은 舊本에 잘못되어 傳文3章3節의 마지막에 '〈與國人交엔〉止於信이러시다'고 한 문장 밑에 있었다.

傳5章

0501.2
此謂知本은 **此謂知之至也**ㅣ니라

이는 근본을 안다고 하는 것이다. 이는 아는 것의 지극한 것이라고 이른다.

> 總說

傳文5章은 三綱領, 八條目에 대한 총체적인 해설이라고 할 수 있다.

> 各說

윗문장은 아마도 格物致知의 뜻을 해설한 글이라 하겠으나 그 내용이 부실하다. 이 傳文5章에서 '知之至也'라고 한 것은 三綱領, 八條目에 대한 총체적인 해설이라고 할 수 있다.

此:이 차 謂:이를 위 至:지극할 지

- 此謂知本은: '程子曰 衍文也라'(정자께서 말씀하기를 "이것은 빠져야 할 글이다"고 하셨다) 즉, 傳文4章 끝에 있는 말인데 중첩되었으니 衍文이라 할 수 있다.

> 朱子註

此句之上에 別有闕文하니 此는 特其結語耳라

  이 구절 위에 별도로 빠진 글이 있으니, 이것은 특히 그 맺는 말일 따름이다.

  · ~耳 : ~할 따름이다. ~할 뿐이다.

右는 傳之五章이니 蓋釋格物致知之義而今亡矣라

  右는 傳文5章이니, 대개 格物과 致知의 뜻을 해석한 장이나 지금은 위의 문장이 빠지고 없어졌다.

此章은 舊本에 通下章하야 誤在經文之下하니라

  이 章은 舊本에 下章을 통하여 잘못되어 經文의 아래에 있었던 것이다.

[설명] 經文 아래에 있던 것을 傳文5章에 가져 왔다는 것이다.

> 補亡章[1]

間嘗竊取程子之意하야 以補之曰

---

1) 傳文5章의 부족한 점을 보충하여 朱子가 지은 글이다.

衍:남을 연 句:글귀 구 闕:빠질 궐 特:특별할 특 蓋:대개 개 釋:해석할 석 間:사이 간 嘗:일찍 상 竊:사사로이 절 補:도울 보근간에 〈내〉 일찍이 程子의 뜻을 저으기 취하여 〈빠진 부분을 다음과 같이〉 보충하였다.

● 〈中〉間嘗竊取程子之意하야: 중간에 또 하나의 사사로운 의견을 붙여서, 즉 주자의 학설 내용이 담겨 있으나 어디까지나 程子의 사상을 이어서 글을 만들었다고 했다. 겸사의 뜻이다.
[설명]『大學』錯簡의 예이다. 주자는 이 錯簡을 傳文5장에서 자기의 글로 보충하여 글을 지어 넣었다. 과연 이러한 행위가 옳은 것인가 아니면 어떤 점이 잘 되고 잘못 되었는지 그리고 先賢들이 그냥 두었던 것을 주자가 보충한 이유는 어디 있는가를 알아볼 필요가 있다.

所謂致知ㅣ 在格物者는 言 欲致吾之知ㅣㄴ댄 在即物而窮其理也ㅣ라
"이른바 致知가 格物에 있다 함은, 나의 앎을 투철히 하고자 할진대 사물에 나아가 그 이치를 궁구함에 있음을 말한 것이다.
　・窮: 窮과 같다.

● 所謂致知ㅣ 在格物者는: 이른바 앎을 이루는 것이 사물을 궁구하는 데 있다고 하는 것은.

蓋人心之靈이 莫不有知오 而天下之物이 莫不有理언마는 惟於理에 有未窮故로 其知ㅣ 有不盡也ㅣ니 是以로 大學始敎에 必使學者로 即凡天下之物하야 莫不因其已知之理而益窮之하야 以求至乎其極하나니
　대개 사람 마음의 신령스러움은 앎(깨달음)이 있지 아니함이 없고, 그리고 천하의 사물은 이치가 있지 아니함이 없건마는, 다만 이치에 대하여 아직 궁

錯:섞일 착 簡:대쪽 간 即:곧 즉 窮:다할 궁 其:그 기 理:이치 리 莫:저물 모 惟:오직 유 盡:다될 진 是:이 시 始:처음 시 凡:무릇 범 已:이미 이 求:구할 구 極:지극할 극

구하지 못한 것이 있는고로 그 앎이 다하지 못함이 있는 것이다. 이런고로 대학에서 처음 가르칠 때 반드시 배우는 사람으로 하여금 무릇(모든) 천하의 사물에 나아가서 그 이미 아는 이치로 인하여 더욱 그것을 궁구해서 그 지극한 곳에 이름을 구하지 아니함이 없도록 하는 것이다.

- 蓋人心之靈이 莫不有知오: 사람의 靈으로써 모든 것을 다 알 수가 있다는 뜻이다.
- 而天下之物이 莫不有理언마는: 사물에 있어서는 존재의 이치가 들어 있다는 것이다.

至於用力之久而一旦[2]**(朝,某)에 豁然貫通焉則衆物之表裏精粗ㅣ 無不到而吾心之全體大用이 無不明矣리니 此謂物格이며 此謂知之至也ㅣ니라**

그리하여 힘씀이 오래됨에 이르러서 하루 아침에 모든 이치가 두루 관통이 된다면, 온갖 사물들은 겉과 속(表裏)이 精함과 거친 것(精粗)이 이르지 아니함이 없고, 내 마음 전체의 큰 작용이 밝지 않는 것이 없을 것이니, 이것을 物格이라 이르며, 이를 두고 知之至也라 이른다."

· 豁然貫通: 道를 환히 깨달음. 道通境地.

[설명] 위의 補亡章에 담긴 내용을 朱子의 窮理說이라고도 한다. 주자를 옹호하는 학자들은 주자가 亡失된 傳文을 감히 보충함에는 충분한 근거가 있다고 보아야 한다고 했다. 결코 주자가 근거도 없는 말을 꾸며 만들어서 자기 문장을 聖賢의 經典과 同列로 두겠다는 불순한 짓을 한 것은 아닐 것이다. 이 補亡章(格物致知의 章을 보충)에서도 엿볼 수 있듯이 주자가 본『대학』의 요체는 '格物致知'이다.[3]

---

2) 周公의 諱字와 조선조 太祖의 諱字가 旦이므로 그들의 諱字를 피해 '某'라 읽는다.
3) 왕양명이 본『대학』의 요체는 '誠意'이다.
旦:아침 단 豁:소통할 활 然:그러할 연 貫:꿸 관 通:통할 통 焉:어찌 언 表:겉 표 裏:속 리 精:정할 정 粗:클 조

傳6章

0601
所謂誠其意者는 **毋自欺也**ㅣ니 **如惡惡(오악)臭**하며 **如好好色**이
此之謂自謙이니 **故**로 **君子**는 **必愼其獨也**ㅣ니라

〈經文1章에서〉 이른바 그 뜻을 정성스럽게 한다고 하는 것은 스스로를 속이는 일이 없어야 한다는 것이니, 〈악을 미워하기를〉 나쁜 냄새(惡臭)를 싫어하는 것과 같이 하며, 〈선을 좋아하기를〉 좋은 색(好色)을 좋아하는 것과 같이 해야 하니, 이러한 것을 스스로〈내 양심에〉 겸손하는 것이라 이른다. 그런고로 군자는 반드시 그 홀로 있을 때를 삼가는 것이다.

- 毋: 勿. 禁止之辭.
- 好色: 남자는 여자를 좋아하고, 여자는 남자를 좋아하는 것.
- 自謙: 마음이 유쾌하고도 만족스러운 모습을 말한다.

謂:이를 위 毋:없을 무 欺:속일 기 如:같을 여 惡:미워할 오, 악할 악 臭:냄새 취 謙:겸손할 겸 愼:삼갈 신

總說

傳文6章은 誠意를 설명한 장이다.

各說

- 誠其意者는: 마음의 움직임에 있어서 道心(善)과 私心(不善)이 있는데 誠을 다하여 道心으로 가도록 해야 한다. '意'는 마음이 움직이는 첫 단계라 할 수 있다. 이렇게 하는 방법론에서,

$$毋自欺也 \begin{bmatrix} 如惡惡臭 \\ 如好好色 \end{bmatrix} 愼其獨 → 君子$$
$$\underbrace{\qquad\qquad\qquad\qquad}_{介于石^*}$$

주자는 '格物致知'가 至善으로 도달하는 길이며, 꿈도 아니고 깸도 아니다 라고 했고, 왕양명은 誠意에서만이 至善으로 나아갈 수 있으며, 誠意는 善으로 가느냐, 惡으로 가느냐가 마음의 焦點(起點)이라고 했다.

- 毋自欺也ㅣ니: 자기 자신의 양심을 속이지 아니한다. 구체적으로 말하면 善을 행하고 惡을 버려야만 한다는 것을 알면서 惡을 행한다면 자기를 속이는 것이다. 결코 이런 일이 있어서는 아니 되겠다는 것이다. 양심을 속여서 행동하였다면 뒤에 반드시 후회하게 된다.

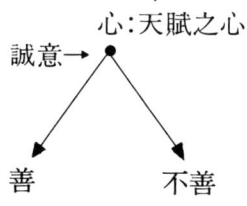

私:개인 사 焦:그을릴 초 起:일어날 기
*介于石:『주역』豫卦 六二爻辭 참조.

- 誠意: 선악은 자기가 판단할 수 있다. 그러므로 자신의 양심을 속이고 행한다면 그것을 '自欺'라 할 수 있다. 毋自欺는 곧 至善으로 나아가려고 하는 마음가짐을 뜻한다. '毋自欺'의 예로써 형이하학적인 실증(如惡惡臭, 如好好色)을 들어본다면 다음과 같다.
- 如惡惡臭하며: 가령 화장실에서 나쁜 냄새를 맡게 될 때 이 나쁜 냄새 때문에 즉시 화장실 밖으로 쫓아나오듯, 不善을 나쁜 것이라고 안다면 즉시 善으로 나아가도록 해야 한다는 뜻이다. 곧 惡을 미워한다.
- 如好好色이: 인간의 본능이 色欲을 좋아하듯 善이란 好色처럼 좋은 것이니, 즉시 至善으로 나아가도록 해야 한다. 이 모든 것은 그 초점이 毋自欺 → 誠意에 있다는 것이다. 善을 행하는 데 色欲을 좋아하듯이 행하라는 것.

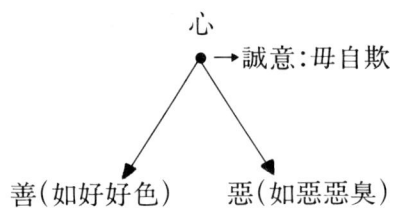

- 自謙이니: 마음 속으로 좋아함과 싫어함을 입으로 말하지 아니하면 저절로 평안하고 고요해지는 것이다. 人道의 겸손은 '尊而光' 즉, 상대를 높이고 자신을 낮추는 것이고, 大自然(天道)의 겸손은 '虧盈而益謙'(『周易』☷☶ 地山謙卦) 즉, 차면 비고 비면 차는 것이다.
- 君子는 必愼其獨也ㅣ니라[1]: 이와 같이 군자라면 반드시 그 홀로 있을 때 삼가고 조심해야 한다. 여러 사람이 있을 때는 물론이고 혼자 있을 때에도 '自謙'과 '毋自欺'를 한다는 것이다. 愼獨을 하는 데는 마음 속에 毋自欺가 있어야 한다. 공자도 항상 毋自欺에 유념하였으며, 공자의 덕을 말한다면

---

[1] 君子의 必愼其獨: 선비의 행세를 말하자면 자기 혼자 있을 때나 손님의 내방시에 의관을 정제하고 항상 삼가고 조심하는 것이다. 옛날의 선비는 행세나 행동, 마음가짐이 참으로 타의 모범이 되었다.

虧:이지러질 휴 盈:찰 영 益:더할 익

毋自欺에다 근본 정신을 두었다. 이 愼獨의 정신은 『주역』 및 다른 고전에서도 찾아 볼 수 있다. 예를 들면 다음과 같다.

예1) 君子ㅣ 敬以直內하고 義以方外하야 (『周易』「坤卦文言傳」)

　　君子는 敬으로써 內心을 바로잡고 義로써 外行을 바르게 한다.

　　　　· 直內: 愼獨의 목적도 直內하기 위함이다.

　2) 暗室欺心이라도 神目은 如電이니라 (『明心寶鑑』「天命」)

　　어두운 방 속에서는 양심을 속이지만, 신의 눈은 번개처럼 움직인다.

　3) 曾子ㅣ 曰 十目所視며 十手所指ㅣ니 其嚴乎ㅣㄴ져 (『大學』傳6장)

　　증자께서 말씀하시기를 "열 눈이 보는 바이며, 열 손가락이 가리키는 바이니, 그 무섭구나!" 하셨다.

　4) 惟聖이라도 罔念하면 作狂하고 惟狂이라도 克念하면 作聖하나니 (『書經』「周書」多方章)

　　비록 성인이라도 마음에 善을 잊어버리면 미치광이 곧 소인이 되고, 오직 소인이라도 善을 생각하면(善이 이기게 되면) 칼로 베듯이 성인이 되느니라.

　　　　· 克念: 不善이 침입 못하도록 칼로 벤다. '吾道一以貫之'했다는 것은 罔念을 하지 않고 克念을 했다는 뜻이다. 『千字文』에서도 '克念作聖'이라 했다.

　　　　· 聖人 ~ 狂人: 모든 사람을 범위로 잡고 있다. 그러므로 누구나 노력, 공부하면 성인의 경지로 나아갈 수 있다.

이와 관련하여 古事 한 토막을 소개하고자 한다. 中國 後漢의 楊震에 대한 일화다. 양진이 昌邑이라는 고장을 지나가게 되었는데 밤에 어떤 사람이 황금 열 근을 가져와서 양진에게 바쳤다. 그러나 양진은 이를 받지 아니했다. 그 자가 말하기를 "지금은 밤이니 아무도 보는 사람이 없습니다" 하니, 양진이 말하기를 "그대가 알고 내가 알고 하늘이 알고 땅이 아는 데 어찌 아는 자가 없다고 하는가" 하고 끝내 거절했다. 이런 일화를 배경으로 유명

方:사방 방 欺:속일 기 電:번개 전 寶:보배 보 鑑:거울 감 惟:생각할 유 罔:그물 망 狂:미칠 광 吾:나 오 貫:꿸 관 克:이길 극 楊:버들 양 震:벼락 진

한 '四知'[2]라는 故事成語가 탄생되었다.

- 獨: 形而下學的인 해설 — 여러 사람이 있을 때는 물론이고 자기 혼자 있을 때에도 삼가고 조심한다는 뜻이다(獨居). 獨은 하나로 一貫한다는 것이니 惟精惟一한 마음. 『주역』의 介于石 같은 마음을 獨이라고 한다(獨 → 微, 幾, 介).
- 獨: 形而上學的인 해설 — 남이 알지 못하는 자기 홀로만이 아는 곳. 내면의 깊은 곳. 意念의 최초 발단처를 두고 한 말이다. 善, 不善의 발단인 그 微한 곳, 곧 남이 모르는 자기 혼자만이 알 수 있는 깊은 그 곳으로부터 삼가고 조심한다는 것은 不善으로 마음이 흐르지 않기 위하여 막는 것을 뜻한 것이 아니겠는가?
- 愼其獨: 항상 善의 경지에서 道心에 머물러 있는 것이다.

朱子註

誠其意者는 自修之首也ㅣ라 毋者는 禁止之辭ㅣ라 自欺云者는 知爲善以去惡而心之所發이 有未實也ㅣ라 謙은 快也ㅣ 足也ㅣ라 獨者는 人所不知而己所獨知之地也ㅣ라

이른바 그 뜻을 정성스럽게 한다는 것은 스스로 닦는 것(自修)의 으뜸(머리)이다. 毋는 금지하는 말이다. 스스로 속인다고 하는 것(自欺)은 착한 일을 하여 악한 것을 제거할 줄 알되, 마음의 發한 바가 아직 알차지 못한 바가 있음이다. 謙은 유쾌함이고, 만족하다는 것이다. 獨이라는 것은 남(人)은 알지 못하는 곳이고, 자기만이 홀로 아는 바의 곳이다.

---

2) 四知에서 四는 나·너·하늘·땅이고, 五知는 여기에다 神이 더 첨가된다. 그러므로 세상에는 비밀이 없다는 뜻이다.
故:옛 고 獨:홀로 독 惟:생각할 유 幾:기미 기 介:끼일 개 禁:금할 금 止:멈출 지 辭:말 사 去:갈 거

● 誠其意者는 自修之首也] 라: 新安陳氏曰 前章云 如琢如磨者³⁾ 自修也 誠意 正心修身 皆自修之事而誠意居其始故曰 自修之首(新安의 陳氏가 말하기를 "앞장에서 이르기를 쪼아 놓은 듯하고, 간 듯하다 함은 스스로 닦는 것이다"하였고, 誠意, 正心, 修身 모두 스스로 닦는 것의 일이고, 誠意가 그 시원에 있는고로 스스로 닦는 것에 있어서 으뜸이라는 말이다.)

言欲自修者] 知爲善以去其惡則當實用其其力而禁止其自欺하야 **使其惡惡則如惡惡臭**하고 **好善則如好好色**하야 **皆務決去而求必得之**하야 **以自快足於己**]오 **不可徒苟且以徇外而爲人也] 라** 然이나 **其實與不實**은 **蓋有他人所不及知而己獨知之者故**로 **必謹之於此**하야 **以審其幾焉**이라

스스로를 닦고자 하는 자가 착한 일을 해서 그 악한 것을 버려야 함을 안다면, 마땅히 실제로 그 힘을 써서 그 스스로 속이는 것(自欺)을 금지하여, 가령 그 악을 미워함에는 악취를 미워하듯 하고, 善을 좋아함에는 女色을 좋아하는 것과 같이하여, 모두 결단하여 버리기를 힘써서, 반드시 얻어서 구하여 스스로 몸에(자기에게) 유쾌하고 만족하게 할 것이요, 한갓 구차하게 밖을 따라 남을 위해서는 아니 된다는 것이다. 그러나 그 實과 實이 아닌 것은 대개 다른 사람이 미처 알지 못하는 것으로써 자기만이 홀로 아는 것이 있는 까닭이다. 그러므로 반드시 여기에 삼가하여 그 幾微를 살펴야 한다는 것을 말씀하신 것이다.

● 決去〈惡〉而求必得之〈善〉하야: 악을 제거하기로 결심하고 반드시 착함을 얻기를 구한다는 것.

---

3) 단순히 形而下學的으로 쪼고 가는 것이 아니라, 形而上學的인 면으로 해석해야 한다.
琢:쪼을 탁 磨:갈 마 誠:삼갈 성 禁:금할 금 臭:냄새 취 皆:다 개 務:일 무 決:터질 결 快:쾌할 쾌 徒:무리 도 苟:진실로 구 徇:호령할 순 蓋:덮을 개 及:미칠 급 謹:삼갈 근 審:살필 심 幾:기미 기

0602

小人이 閒居에 爲不善호대 無所不至하다가 見君子而后에 厭然揜其不善하고 而著其善하나니 人之視己ㅣ 如見其肺肝이니 然則何益矣리오 此謂誠於中이면 形於外ㅣ니 故로 君子는 必愼其獨也ㅣ니라

　소인이 한가하게 있을 때에 不善한 짓을 하되 이르지 못할 곳이 없다가, 군자를 보고 난 후에는 시침을 떼고 그 不善을 가리우고 그 착한 것을 나타내려 하지만, 사람(남)들이 나(자기)를 알아 봄이 그 폐와 간을 보듯이 하는데, 그 무슨 소용(이익)이 있겠는가? 이런 것을 일러서, '안(中,마음)에서 성실하면 밖으로 나타난다'고 하는 것이다. 그러므로 군자는 반드시 그 혼자 있을 때를 삼가고 조심한다.

- 厭然: 슬쩍 감추는 모양. 싫어하는 모양. '厭'의 音을 '염' 또는 '암'으로 읽어도 무방하다.

總說

윗문장은 어떤 마음가짐을 가진 사람이 小人인지를 해설했다.

各說

- 無所不至하다가: 마음 속에 먹은 불선한 것을 하고 싶은 대로 다하는 것. 어떤 불선한 일이라도 모두 다 자행한다는 뜻이다. 閒居에 愼獨하지 않고 不愼獨으로 誠意·正心이 되지 못하고 있는 상태.
- 見君子而后에: 愼獨이 되어 있는 군자를 본 후에-至善(明德)의 誠意에 머물러 있는 군자를 본 후에-마음의 변화를 일으킨다는 뜻이다.

閒:틈 간 厭:싫을 염 著:분명할 저 肺:허파 폐 肝:간 간 何:어찌 하 揜:가릴 엄

- 厭然揜其不善하고: 착하지 못한 것을 슬쩍 감추는 것을 말한다. 그러나 이것은 뉘우치면 善으로 돌아갈 수 있다.
- 而著其善하나니: 착하지 못한 소인이 不善을 착한 것으로 위장하여 나타내려고 한다. 이것은 뉘우쳐서 善으로 되돌아 갈 수 없으며 가장 나쁜 소인이 된다.
- 人之視己ㅣ 如見其肺肝이니: 남들이 나를 보는 것이 꼭 나의 폐와 간을 들여다 보는 것 같이 明德을 가진 자와 至善한 자는 환하게 소인의 행각을 알고 있는지라 선을 불선으로 위장한들 무슨 이익과 소용이 있겠는가 하는 것이다. 이 구절과 관련있는 문장을 다른 경전에서 인용하여 보면 다음과 같다.

예1) 莫見乎隱이며 莫顯乎微니 故로 君子는 愼其獨也ㅣ니라 (『中庸』제1장)

　숨어 있는 것보다 더 나타나 보이는 것이 없고 微少한 것보다 더 나타나는 것이 없으니, 그러므로 군자는 혼자 있을 때를 삼가고 조심하게 된다.

　　· 隱: 깊숙한 마음 속을 가리킨다.
　　· 微: 한 오라기 意念의 움직임을 말한다.
　　· 顯: 形而上學的인 것이다. 없는 가운데 있는 것처럼 생각한다. 紙榜을 쓸 때 이 '顯'字를 사용한다.

　[설명] 위의 구절은 중용 사상과 일치한다.

2) 賢其賢而親其親[君子], 樂其樂而利其利[小人] (『大學』傳3章)

3) 九二는 鳴鶴이 在陰이어늘 其子ㅣ 和之로다 (『周易』☲中孚卦)

　九二는 우는 학이 그늘(숲)에 있거늘 그 새끼가 화답하도다.

　[설명] 윗『주역』구절에 대한 상세한 해설이 아래 예4)의 문장이다.

4) 子曰 君子ㅣ 居其室하야 出其言에 善이면 則千里之外ㅣ 應之하나니 況其邇者乎여 居其室하야 出其言에 不善이면 則千里之外ㅣ 違之하나니 況其邇者乎여 言出乎身하야 加乎民하며 行發乎邇하야 見乎遠하나니 言行은 君子之樞機니 樞機之發이 榮辱之主也ㅣ라 言行은 君子之所以

隱:숨길 은 顯:나타날 현 微:작을 미 鳴:울 명 鶴:학 학 陰:응달 음 應:응할 응 況:하물며 황

動天地也ㅣ니 可不愼乎아 (『周易』「繫辭上傳」)
공자께서 말씀하시기를 "군자가 집에 있으면서 그 말을 함에 착하게 하면 천리 밖에 있어도 이에 호응한다. 하물며 가깝게 있는 사람이야 호응하지 않겠는가. 그 집에 가만히 있을 때는 착하지 못하다면 천리 밖에 있는 보이지 아니하는 사람들도 이 불선을 알고 어긋날 것이다. 하물며 가깝게 있는 사람이야 어긋남이 당연하다. 말이 나의 몸에서 나와 백성에게 미치고 행동은 가까운 데서 발하여 먼 곳까지 나타난다. 말과 행동은 군자의 樞機이니, 樞機의 발동이 영욕의 주인이 된다. 말과 행동은 군자가 천하를 움직이는 원인이 된다. 가히 삼가지 않겠는가?"고 하셨다.

　　・君子之樞機: 군자의 근본이 되는 기틀.

- 此謂誠於中이면: 이를 일러서 사람의 마음 속(中;中心, 內心)에서 정성을 다 하는 것. 이는 형이상학적으로 誠을 다하는 것을 뜻한다.
- 形於外ㅣ니: 마음 속에 정성을 다한 것이 외면적으로 얼굴에 형상화하여 (형이하학적으로) 외부로 나타난다는 것이다. 이 구절과 관련하여『周易』☱☲ 澤火革卦에서 이에 대응하는 어구를 인용하여 보면 다음과 같다.

　예1) 大人은 虎變: 聖人의 지위에 있는 자들. 세상 사람들이 다 알아보는 사람.
　　2) 君子는 豹變: 표범처럼 색깔이 선명하지를 못하고 자세히 보아야 알아볼 수 있는 사람. 賢人 같은 사람들.
　　3) 小人은 革面: 안과 밖이 다른 사람이다. 자기 이익에 따라 일시적으로 안색만 바꾸는 사람.

- 必愼其獨也ㅣ니라: 毋自欺로 실천한다. 이상은 사람의 마음이 不善, 人心으로 흘러서 사악한 짓을 자행하게 되는지라 이것을 군자 앞에서 감추려고 하나 明德과 至善을 가진 자가 보면은 환하게 알 수 있다. 그러므로 군자는 항상 그 홀로 있을 때 삼가고 조심한다. 곧 至善에서 잠시라도 눈을 때는 일이 없어야 한다.

邇:가까울 이 違:어길 위 樞:지도리 추 機:틀 기 榮:영화로울 영 辱:욕되게할 욕 豹:표범 표
變:변할 변 革:가죽혁

朱子註

閒居는 獨處也ㅣ라 厭然은 消沮閉藏之貌ㅣ라 此는 言 小人이 陰爲不善而陽欲揜之則是非不知善之當爲와 與惡之當去也ㅣ로대 但不能實用其力하야 以至此耳ㅣ라 然이나 欲揜其惡而卒不可揜하고 欲詐爲善而卒不可詐則亦何益之有哉ㅣ리오 此는 君子所以重以爲戒而必謹其獨也ㅣ니라

閒居는 홀로 있는 것이다. 厭然은 사라지고 막으며, 닫고 감추는 모양이다. 이는 小人이 陰的(속)으로 착하지 못한 일을 하고 陽的(겉)으로 가리고자 하는 것이니, 곧 이것은 착한 것을 마땅히 할 것과 악한 것을 마땅히 제거해야 할 것을 알지 못하는 것이니, 다만 그 힘을 실제로 쓰지 못해서 이에 이르렀을 뿐이라는 말이다. 그러나 그 악한 것을 가리우고 하여도 마침내 가히 가리우지 못하고, 속여서 착한 것(善)을 한 것처럼 하여도 마침내 가히 속이지 못하니, 또한 무슨 유익함이 있겠는가? 이것은 군자가 무겁게 훈계로 삼아 반드시 혼자 있을 때에 삼가는 것이다.

0603

曾子ㅣ 曰 十目所視며 十手所指ㅣ니 其嚴乎ㅣㄴ져

증자께서 말씀하시기를 "열 눈이 보는 바이며, 열 손가락이 가리키는 바이니, 그 엄하구나!"라고 하셨다.

· 乎 : 감탄을 나타내는 뜻이다.

---

4) 曾子(기원전 505~436)는 공자의 제자로서, 춘추 말기 魯나라 武城 출신이다. 曾點을 아버지로 曾碩을 아들로 두었다. 字는 子輿이며, 名은 參이다. 효성이 지극했던 것으로 유명하다. 『大戴禮記』 가운데 그의 언행이 실려 있으며, 『大學』은 그의 저서로 알려져 있다. 父子가 공자의 門徒였는데 參은 16세 때 孔門에 들어 갔다. 『孝經』을 저술하였다.

消:사라질 소 沮:막을 저 貌:얼굴 모 戒:경계할 계 指:손가락 지 嚴:엄할 엄

總說

傳文6章은 誠意章이니, 윗구절은 至善의 곳에 그 誠을 두는 데의 마음가짐으로써 경계의 글이다.

各說

十目이 보고 있고 十手가 가리키고 있으니 마음을 正心으로 가도록 해야 한다는 것. 不正과 不善으로 가지 말고 또 毋自欺의 양심에 위배되는 일을 하지 말며 이 세상에는 절대로 비밀이 없으니 마음가짐을 단단하게 하라는 것이다. 곧 曾子가 말한 '日三省吾身'의 마음가짐과 같다. 또 戰戰兢兢의 뜻도 된다. 위의 글로 인하여 '愼其獨'을 하는 것이다.

열 눈, 열 손가락이라고 한 '열'의 뜻은 數之終이므로 모든 것을 다한다는 것이고, 十字는 동서남북 四正方을 뜻하기도 하며 어떤 사항의 끝남을 뜻하기도 한다. 앞으로 잘해야 11의 뜻이 계승될 가능성이 있을 것이다.

다시 말하여 衆目에 띄게 되고 衆手의 손가락질을 받아 공개적이라는 것이다. 이 세상에는 비밀이라는 것이 존재할 수가 없다. 아무리 비밀이라고 하여도 나와 너, 하늘과 땅 그리고 神이 알고 있다. 이 비밀을 벌써 다섯이나 알고 있는 것이 아닌가?[5]

朱子註

引此하야 以明上文之意ㅣ라 言 雖幽獨之中이라도 而其善惡之不可揜이 如此하니 可畏之甚也ㅣ니라

---

5) 본장의 '주2)' 참조.
戰:싸울 전 兢:삼갈 긍 雖:비록 수 幽:그윽할 유 畏:두려워할 외 甚:심할 심

이것을 인용하여 윗글의 뜻을 밝힌 것이다. 비록 그윽하고 홀로 있는(幽獨) 중이라도 그 선하고 악한 것을 가히 가리우지 못하는 것이 이와 같으니, 가히 두려움이 심한 것이라는 말씀이다.

[설명] '十目所視, 十手所指'로 알고 있는 바임으로 자기의 양심을 속일 수가 없기 때문이다. 다음 문장에서 더욱더 명백하게 말하고 있다.

0604
富潤屋이오 **德潤身**이라 **心廣體胖**하나니 **故**로 **君子**는 **必誠其意**니라

富는 집을 윤택하게 하고, 德(明明德)은 몸을 윤택하게 한다. 〈덕이 있으면〉 마음이 넓어지매 몸도 평안하다. 그러므로 군자는 반드시 그 뜻을 성실하게 하는 것이다.

- 心廣體胖: 『맹자』의 浩然之氣와 같다. 鄭玄[6]은 心을 廣, 體를 大로 해설하였다.
- 體胖: 몸이 말쑥하고 아무런 병이 없는 것.

總說

앞절에서는 愼獨으로 끝맺었는데(愼獨;十目所視, 十手所指) 곧 不善은 좋지 못하므로 그 길로는 가서는 아니 된다는 것이다. 여러 사람이 있을 때는 물론이고 혼자 있을 때에서도 불선한 생각을 해서는 아니 된다는 것이다. 즉, 그 警戒辭로 열 사람의 손이 가리키고 있다는 뜻이다. 본절은 善을 행한다면 富

---

6) 鄭玄(127~200)은 중국 후한 말기의 대표적인 유학자로 經學의 大成者다. 字는 康成이며 北海(山東省) 高密 태생이다. 經學의 古文과 今文 외에 天文 曆數에 이르기까지 광범위한 지식을 지녔다. 그리고 많은 經書의 註釋을 남겼다.

潤屋과 德潤身으로 나타난다는 것이며 이는 善을 적극적인 방향으로 표현한 것이다.

各說

● 富潤屋이오 德潤身이라 : '富'는 形而上 '屋'은 形而下를 가리키며, '德'은 形而上 '身'은 形而下를 가리킨다. 즉, 至善이 안으로 충실한 것과 또 그 결과로써 외형에까지 나타난다.

朱子註

胖은 安舒也ㅣ라 言 富則能潤屋矣ㅣ오 德則能潤身矣ㅣ라 故로 心無愧怍則廣大寬平而體常舒泰ㅣ하니 德之潤身者ㅣ 然也ㅣ라 蓋善之實於中而形於外者ㅣ 如此故로 又言此以結之ㅣ하니라

胖은 평안하게 펴짐이다. 富者이면 능히 집을 윤택하게 하고, 德은 능히 몸을 윤택하게 한다는 말이다. 그러므로 마음에 부끄러움이 없으니 곧 〈마음이〉 넓고 크고 너그럽고 평안해서 몸이 항상 편안하고 큼(泰平)이니, 덕이 몸을 윤택하게 함이 그러하다는 것이다. 대개 착한 것이 마음 속에 꽉 차, 밖으로 드러남이 이와 같은 고로 또 이것을 말씀하여 맺은 것이다.

右는 傳之六章이니 釋誠意ㅣ하다

右는 傳文6章이니, 뜻을 정성스럽게 하는 것을 해석하였다.

經에 曰 欲誠其意ㅣㄴ덴 先致其知라하고 又曰 知至而后에 誠意라하니 蓋

愧:부끄러워할 괴 胖:클 반 寬:너그러울 관 舒:펼 서 潤:젖을 윤 釋:해석할 석 盡:다할 진

心體之明이 **有所未盡則其所發**이 **必有不能實用其力而苟焉**하야 **以自欺者然**하니 **或已明而不謹乎此則其所明**이 **又非己有而無以爲進德之基**ㅣ라 **故**로 **此章之指**ㅣ **必承上章而通考之然後**에야 **有以見其用力之始終**이니 **其序不可亂而功不可闕**이 **如此云**이라

經文에 이르기를 '그 뜻을 정성스럽게 하고자 하면 먼저 그 앎을 이룬다'라고 하였고, 또 이르기를 '아는 것이 이른 뒤에야 그 뜻이 정성스럽다'고 한 것은 대개 마음이 本體의 밝음이 다하지 못한 것이 있으면 그 發하는 바가 반드시 그 힘을 실제로 능히 쓰지 못함이 있어서 구차하게 스스로 속이게 된다. 그러나 혹 이미 밝게 알았다 하더라도 이에 삼가지 않으면 그 밝은 것이 또 자기의 것이 아니어서 德에 나아가는 기초가 되지 못한다. 그러므로 이 章의 뜻은 반드시 윗장을 이어 통하여 고찰해 본 연후에야 그 힘을 쓰는 시초와 끝을 볼 수 있으니, 그 차례를 가히 어지럽게 해서는 아니 되고, 功을 빠뜨릴 수 없음이 이와 같다고 이른다.

・心體之明: 誠意를 뜻한다.
・基: 기틀. 기초.

苟:진실로 구 已:이미 이 進:나아갈 진 序:차례 서 亂:어지러울 란 闕:대궐 궐 云:이를 운

傳7章

0701
所謂修身이 **在正其心者**는 **身有所忿懥則不得其正**하고 **有所恐懼則不得其正**하고 **有所好樂則不得其正**하고 **有所憂患則不得其正**이니라

　이른바 몸을 닦는 것이 그 마음을 바르게 함에 있다고 하는 것은, 내 몸(마음)[1]에 분하고 노여워하는 바가 있으면 〈그 마음의〉 바른 것을 얻지 못하고, 내 몸(마음)에 두려워하고 근심하는 것이 있으면 〈그 마음의〉 바른 것을 얻지 못하고, 내 몸(마음)에 좋아하고 즐겨하는 것이 있으면 그 마음의 바른 것을 얻지 못하고, 내 몸(마음)에 근심하고 걱정하는 것이 있으면 〈그 마음의〉 바른 것을 얻지 못하게 된다.

---

1) 程子曰 身有之身은 當作心이라(程子께서 말씀하시기를 "身有의 身은 마땅히 心이 되어야 한다"고 하셨다.)
在:있을 재 忿:성낼 분 懥:성낼 치 得:얻을 득 恐:두려워할 공 懼:두려워할 구 好:좋을 호 樂:좋아할 요 憂:근심할 우 患:근심 환

- 忿懥: 노여움. 雙峰饒氏曰 忿者는 怒之甚也오 懥者는 怒之留也라.[2]
- 恐懼: 두려움.
- 好樂: '호요'나 '호락'으로 읽는다.

總說

본장은 正心修身을 해설한 글이다.

各說

윗글은 외부부터 外誘당하지 아니해야 하는데 있어서 正心을 하여 修身하는 방법으로 네 가지를 이르는 말이다.
- 忿懥: 성을 내고 노여워하는 마음을 가지지 아니해야 한다. 이것이 있으면 正心으로 나아갈 수 없다.
- 恐懼: 두려워하고 근심하는 마음을 가지지 아니해야 한다. 이것이 있으면 正心으로 나아갈 수 없다.
- 好樂: 좋아하고 즐겨한다. 不正과 不善을 하여 좋아하고 즐겨한다면 正心으로 나아 갈 수 없다.
- 憂患: 근심하고 걱정하는 마음을 가지지 아니해야 한다. 이것이 있으면 正心으로 나아갈 수 없다.

위의 네 가지가 마음 속에 있다면 마음을 바르게 할 수 없고 따라서 몸닦는 일도 방해 된다. 결국 이 네 가지가 中正之心을 가지는 데 있어서 장애물이 된다.

---

[2] 雙峰 饒氏가 말하길 "忿이라는 것은 성냄이 심한 것이고, 懥라는 것은 성냄이 오래 가는 것이다"고 했다.
雙:쌍 쌍 饒:넉넉할 요 甚:심할 심 留:머무를 류 誘:꾈 유

● 身有所忿懥則……〈身〉有所恐懼則……〈身〉有所好樂則……〈身〉有所憂患則 ……: 문장적인 면에서 볼 때 위의 본문에서 〈身〉이 생략된 것이라 볼 수 있다. '身'이라고 하는 것은 외부의 형이하학적 행동으로부터 心의 형이상학으로 옮겨 간다는 뜻이다.

朱子註

程子曰 身有之身은 當作心이라 忿懥는 怒也ㅣ라 蓋是四者는 皆心之用而人所不能無者ㅣ나 然이나 一有之而不能察則欲動情勝而其用之所行이 或不能不失其正矣ㅣ리라

程子께서 말씀하시기를 "身有의 身은 마땅히 '心'字라야 한다"고 하였다. 忿懥는 怒하는 것이다. 대개 이 네 가지는 모두 마음의 쓰임[用, 작용]이고, 사람이 능히 없지 못할 바이나, 한 번 그것(마음에서의 네 가지 작용)을 두고 능히 살피지 못하면, 곧 욕심이 動하고 감정이 이기게 되어, 그 쓰임(네 가지의 쓰임)의 행하는 바가 혹 바름(正心)을 잃지 않을 수가 없을 것이다.

[설명] 네 가지 곧 忿懥, 恐懼, 好樂, 憂患은 어느 사람이라도 다 가지고 있는 것이며, 이것이 마음 속에서 작용할 수 있다는 뜻이다.

0702
心不在焉이면 視而不見하며 聽而不聞하며 食而不知其味니라

마음이 있지 아니하면 보아도 보이지 아니하며, 들어도 들리지 아니하며,

程:법 정 蓋:대개 개 是:옳을 시 皆:다 개 察:살필 찰 欲:하고자 할 욕 能:능할 능 失:잃을 실
矣:어조사 의 焉:어찌 언 視:볼 시 而:말이을 이 聽:들을 청 聞:들을 문 食:밥 식 味:맛 미

먹어도 그 맛을 알지 못한다.

總說

마음은 신체의 주인으로서 形而上學的인 것이 가장 중요하다.

各說

사람에 있어서 마음이 존재하지 않으면 그 몸을 조절하는 것이 없어 視, 聽, 食이란 신체의 기능도 옳게 그 기능을 발휘하지 못한다. 그 좋은 예를 나의 개인적인 경험에서 하나 들어 보도록 하겠다.

예) 安民島에서 也山 선생님과 함께 있을 때 일화이다. 也山 선생 댁에서 학우와 같이 모여서 공부를 하였다. 친우의 담뱃대를 빌려서 담배를 물고 『皇極經世』[3]를 읽으면서 과거에 공부하던 기억을 되살려 推數를 하고 있었다. 그 때의 심경은 視而不見하며 聽而不聞한 상태였다. 이때 스승이신 也山 선생님께서 방으로 들어오셨다. 이때 이미 나의 정신은 『經世』를 推數하고 있었고 누워서 담배를 피우고 있는 상태였다.

그러나 그것도 알지 못하고 나는 그냥 누워서 눈을 뜬 채 정신은 공부에 두고 있었다. 주위 사람들이 나를 흔들어 주의를 주니 그제야 정신을 차렸으나 말할 수 없이 죄송하여 어떻게 할 바를 몰라 쩔쩔매다가 담뱃대를 선생님 앞에 내어 놓고 밖으로 뛰어 나와 버렸다.

이러한 나의 경험은 골똘하게 공부한 바의 일이라 할 수 있고, 이러한 일이 있고 난 후에는 也山 선생님은 나에게 공부하지 아니한다는 말은

---

3) 邵康節(1011~1077)의 주요 저작이다. 이 책에는 「觀物內篇」과 「觀物外篇」 등이 포함되어 있다. 그 중 가장 대표적인 것은 「觀物內篇」이다.
推:미루어 헤아릴 추 數:운수 수

일체 아니하고 일하지 아니한다고 야단치셨다.

모든 것이 마음에 달려 있다. 마음의 使者가 몸이요, 四肢다. 모든 것은 마음이 시키는 대로 한다. 그러므로 經典은 마음 다스리는 글이기도 하다.

| 朱子註 |

心有不存則無以檢其身이니 **是以**로 **君子ㅣ 必察乎此而敬以直之然後**에야 **此心**이 **常存而身無不脩也**ㅣ니라

마음이 존재하지 아니함이 있으면 그 몸을 살피지 못하니, 이러므로 군자는 반드시 이에 살펴서 敬으로써〈마음을〉곧게 한 연후에야 이 마음이 항상 존재하여 몸이 닦아지지 않는 것이 없다.

• 君子ㅣ 必察乎此而敬以直之然後에야: 이 어절에서 '敬'의 의미를 『주역』 坤卦文言傳에서 六二爻에 대한 해설로 살펴보자면, "……君子ㅣ 敬以直內하고 義以方外하야 敬義立而德不孤하나니……"⁴⁾이다. 敬은 中을 잡을 때까지의 자세이며 中庸之道이다. 佛教에서는 禪으로 볼 수 있다.

0703
此謂脩身이 **在正其心**이니라

이를 일러서 '몸을 닦음이 그 마음을 바르게 함에 있다'고 한다.

---

4)……군자는 中을 잡음으로써 마음을 바르게 하고, 마땅함으로써 행동을 알맞게 하여 마음의 중용과 행동의 마땅함을 지키니 덕이 외롭지 아니하니……

存:있을 존 檢:봉함 검 是:옳을 시 以:써 이 必:반드시 필 察:살필 찰 乎:어조사 호 敬:공경할 경 直:곧을 직 然:그러할 연 此:이 차 常:항상 상 立:설 립 孤:외로울 고

各說

마음이 그 곳에 존재하지 않으면 아무 것도 아니 된다는 뜻이다. 아무리 傳文6章에서 誠意를 말하였어도 그 곳에 올바른 正心이 존재하지 않으면, 아무 것도 될 수 없다는 것을 강조한 글이다.

朱子註

右는 傳之七章이니 釋正心修身하다

右는 傳文7章이니, 正心과 修身을 해석하였다.

此亦承上章하야 **以起不章**이라 **蓋意誠則眞無惡(악)而實有善矣**l니 **所以能存是心**하야 **以檢其身**이나 **然**이나 **或但知誠意而不能密察此心之存否(부)則又無以直內而修身也**l라 **自此以下는 並以舊文**으로 **爲正**하니라

이것은 또한 윗장을 이어서 아랫장을 일으킨 것이다. 대개 뜻이 정성스러우면(성실하면), 참으로 악한 것이 없어지고 실제로 착한 것이 있으니(생길 것이니), 이로써 능히 이러한 마음을 가지고 자기의 몸을 살피는 바이다. 그러나 혹 뜻을 정성스럽게 할 줄만을 알고, 능히 자신의 마음(此心) 있고 없음을 엄밀히 살피지 못하면, 또 〈敬으로써〉 안(마음)을 곧게 해서 자신의 덕(몸)을 닦지 못한다. 여기서부터 이하는 모두 舊文을 바른 것으로 삼는다.

· 存否: 있고 없는 것.

亦:또 역 承:이을 승 起:일어날 기 章:글 장 蓋:대개 개 意:뜻 의 誠:정성 성 眞:참 진 惡:악할 악 實:열매 실 但:다만 단 密:빽빽할 밀 察:살필 찰 否:아닐 부 並:아우를 병 舊:옛 구

古本大學[5]

大學之道 在明明德. 在親民. 在止於至善. 知止而后有定. 定而后能靜. 靜而后能安. 安而后能慮. 慮而后能得. 物有本末. 事有終始. 知所先後. 則近道矣. 古之欲明明德於天下者. 先治其國. 欲治其國者. 先齊其家. 欲齊其家者. 先修其身. 欲修其身者. 先正其心. 欲正其心者. 先誠其意. 欲誠其意者. 先致其知. 致知在格物, 物格而后知至. 知至而后意誠. 意誠而后心正. 心正而后身修. 身修而后家齊. 家齊而后國治. 國治而后天下平. 自天子以至於庶人. 壹是皆以修身爲本. 其本亂而末治者否矣. 其所厚者薄. 而其所薄者厚未之有也此謂知本. 此謂知之至也. 所謂誠其意者. 毋自欺也. 如惡惡臭. 如好好色. 此之謂自謙. 故君子必愼其獨也. 小人閒居爲不善. 無所不至見君子而后厭然揜其不善. 而著其善. 人之視己如見其肺肝然則何益矣. 此謂誠於中形於外. 故君子必愼其獨也. 曾子曰. 十目所視. 十手所指. 其嚴乎. 富潤屋. 德潤身. 心廣體胖. 故君子必誠其意. 詩云. 瞻彼淇澳菉竹猗猗. 有斐君子. 如切如磋. 如琢如磨. 瑟兮僩兮. 赫兮喧兮. 有斐君子. 終不可諠兮. 如切如磋者道學也. 如琢如磨者自修也. 瑟兮僩兮者恂慄也. 赫兮喧兮者威儀也. 有斐君子. 終不可

---

5) 安井衡著,『漢文大系』(서울: 民族社, 1982. 참조)
止:머무를 지 后:뒤 후 定:정할 정 靜:고요할 정 慮:생각할 려 得:얻을 득 終:끝날 종 始:처음 시 欲:하고자 할 욕 先:먼저 선 致:보낼 치 格:바로잡을 격 治:다스릴 치 壹:한 일 皆:다 개 亂:어지러울 란 薄:엷을 박 厚:두터울 후 愼:삼갈 신 獨:홀로 독 閒:틈 간 至:이를 지 厭:싫을 염 揜:가릴 엄 著:분명할 저 己:자기 기 肺:허파 폐 肝:간 간 益:더할 익 必:반드시 필 指:손가락 지 嚴:엄할 엄 潤:젖을 윤 胖:희생반쪽 반 瞻:볼 첨 彼:저 피 澳:깊을 오 菉:조개풀 록 斐:문채날 비 磋:갈 차 琢:쪼을 탁 磨:갈 마 瑟:큰 거문고 슬 兮:어조사 혜 僩:굳셀 한 赫:빛날 혁 喧:의젓할 훤 諠:지껄일 훤 恂:정성 순 慄:두려워할 률 威:위엄 위 儀:거동 의

諠兮者. 道盛德至善. 民之不能忘也. 詩云. 於戲前王不忘. 君子賢其賢而親其親. 小人樂其樂而利其利. 此以沒世不忘也. 康誥曰. 克明德. 太甲曰. 顧諟天之明命. 帝典曰. 克明峻德. 皆自明也. 湯之盤銘曰. 苟日新. 日日新. 又日新. 康誥曰. 作新民. 詩云. 周雖舊邦. 其命維新. 是故君子無所不用其極. 詩云. 邦畿千里. 惟民所止. 詩云. 緡蠻黃鳥. 止于丘隅. 子曰. 於止知其所止. 可以人而不如鳥乎. 詩云. 穆穆文王. 於緝熙敬止. 爲人君止於仁. 爲人臣止於敬. 爲人子止於孝. 爲人父止於慈. 與國人交止於信. 子曰. 聽訟吾猶人也. 必也使無訟乎. 無情者不得盡其辭. 大畏民志. 此謂知本. 所謂修身在正其心者. 身有所忿懥. 則不得其正. 有所恐懼. 則不得其正. 有所好樂. 則不得其正. 有所憂患. 則不得其正. 心不在焉. 視而不見. 聽而不聞. 食而不知其味. 此謂修身在正其心.

忘:잊을 망 沒:가라앉을 몰 康:편안할 강 太:클 태 甲:첫째 천간 간 顧:돌아볼 고 諟:이 시 峻:높을 준 湯:넘어질 탕 盤:소반 반 銘:새길 명 苟:진실로 구 雖:비록 수 舊:옛 구 邦:나라 방 維:바 유 緡:새소리 면 蠻:오랑캐 만 于:어조사 우 丘:언덕 구 隅:모퉁이 우 穆:화목할 목 緝:낳을 집 熙:빛날 희 慈:사랑 자 與:줄 여 交:사귈 교 聽:들을 청 吾:나 오 猶:오히려 유 盡:다될 진 辭:말 사 畏:두려워할 외 恐:두려울 공 懼:두려워할 구 好:좋을 호 樂:풍류 악 憂:근심할 우 患:근심 환 聽:들을 청 聞:들을 문

傳8章

0801

所謂齊其家ㅣ 在脩其身者는 人이 之其所親愛而辟(벽)焉하며 之其所賤惡(오)而辟焉하며 之其所畏敬而辟焉하며 之其所哀矜而辟焉하며 之其所敖惰而辟焉하나니 故로 好而知其惡(악)하며 惡(오)而知其美者ㅣ 天下에 鮮矣ㅣ니라

이른바 그 집안을 가지런히 하는 것이 그 몸을 닦음에 있다 함은, 사람들이 그 가까이 하고 사랑하는 바에 편벽되며, 그 賤히 여기고 미워하는 바에 편벽되며, 그 두려워하고 존경하는 바에 편벽되며, 그 슬프고 불쌍히 여기는 바에 편벽되며, 그 오만하고 게으르게 여기는 바에 편벽된다. 그러므로 좋아하되 그 나쁜 것을 알아 보며, 미워하되 그 좋은 점을 알아 보는 사람이란 이 세상에는 드물다.

·人: 일반적으로 보통 사람들.

齊:가지런할 제 脩:포 수 之:갈 지 親:친할 친 辟:편벽될 벽 焉:어찌 언 賤:천할 천 惡:미워할 오 哀:슬플 애 矜:불쌍히 여길 긍 敖:놀 오 惰:게으를 타 鮮:고울 선

- 之其所: ~에서. ~에.
- 辟: 한쪽으로 기울어지는 것. 이런 용례로 未亡人이 男便의 紙榜을 쓸 때 '顯辟學生府君神位'라고 기재한다. 또 마음의 不中正한 자세를 말한다.

總說

본장은 修身齊家의 章이다. 齊家를 하자면 먼저 修身부터 해야 하는데 이 修身하는 방법이 눈에 보이는(형이하학적) 행동으로 하는 것이다.

各說

위의 문장은 사물을 바로 이해하지 못하고 인간 관계를 바로 전개시켜 가지 못하는 것을 말했다. 즉,
- 親愛而辟焉하며: 가까이하고 사랑하는 데에 中을 잡아서 행하지 못하고 한쪽으로만 기울어지는 것을 말한다.
- 賤惡而辟焉하며: 천히 여기고 미워하는 데에 不中正한 마음으로 행하는 것을 말한다.
- 畏敬而辟焉하며: 두려워하고 존경하는 데에 不中正한 마음으로 행하는 것을 말한다.
- 哀矜而辟焉하며: 슬퍼하고 불쌍히 여기는 데에 不中正한 마음으로 행하는 것을 말한다.
- 敖惰而辟焉하나니: 거만하고 게으름에 있어서 不中正한 마음으로 행하는 것을 말한다.

위의 다섯 가지는 마음에 있는 바가 행동거지에 나타나는 것을 뜻한다. 그러므로 결국 마음이 중요하다.

紙:종이 지 榜:매 방 顯:나타날 현 府:곳집 부

- 好而知其惡하며 惡而知其美者] : 좋아하면서도 나쁜 것을 알며, 미워하되 그 좋은 점을 알아 보는 사람. 곧 한쪽으로 편벽되는 것이 아니라 中正之心을 가지고 있는 형상이며 이것으로써 수신하는 자가 드물다는 것이다.

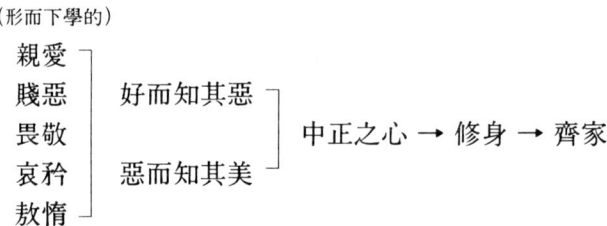

親愛, 賤惡, 畏敬, 哀矜, 敖惰 이것들은 우리 인간에게 다 있는 常情이다. 그러나 여기에 마땅한 程度와 타당성이 결여되고 理智的인 성찰의 눈을 아울러 더하지 않을 때는 마침내 어느 一偏으로 빠지고 만다. 구체적으로 설명하자면 다음과 같다.

① 親愛는 溺愛로 치우쳐 편벽된다. 친하고 사랑하는 관계에 있는 자에 대해서는 과도한 애정에 빠지는 경향이 있어 그 과실을 못 본 체하거나 가져야 할 예의를 잊어버리는 일이 있다. 곧 中正을 잃게 된다는 뜻이다.

② 賤惡에서 寬厚로 돌아갈 줄 몰라 편벽된다. 늘 깔보거나 미워하는 상대에 대해서는 무슨 일이 생겼을 때 기회라도 잡은 듯 꼬집고 나서서 작은 허물을 큰 허물로 생각하거나 그 활동을 무시하기 쉽다. 이 또한 中正을 잃게 된다는 뜻이다.

③ 畏敬은 지나쳐 屈抑으로 편벽된다. 보통 때부터 畏敬하고 있는 상대에 대해서 지나친 겸손을 보여 할 말도 하지 못하고 예의가 지나쳐 아부에 빠지기 쉽다. 이 또한 中正을 잃게 된다는 뜻이다.

④ 哀矜은 姑息으로 흘러 편벽된다. 언제나 불쌍하게 여기고 동정을 하고 있던 상대라면, 이 역시 은택을 베푸는 것이 과도로 흐르기 쉽거나 그 부정을 용서하기 쉽다. 이 또한 中正을 잃게 된다는 뜻이다.

溺:빠질 닉 愛:사랑 애 寬:너그러울 관 厚:두터울 후 屈:굽을 굴 抑:누를 억 姑:잠깐 고 息:숨쉴 식

⑤敖惰는 驕肆로 치달아 편벽된다. 자기의 입장이 우월하다 하여 대등한 상대에게 자칫하면 가혹한 취급을 가하거나 부당한 모욕감을 주는 경향으로 흐르기 쉽다. 이 또한 中正을 잃게 된다는 뜻이다.

위와 같이 이렇게 편벽되고서야 자신이 대하는 인간과 사물의 좋고 나쁜 그 진면모를 바로 파악할 수 없음은 물론이다. 그래서 좋아하되 그 나쁜점을 알아 보며(好而知其惡) 미워하되 그 좋은 점을 알아 보는(惡而知其美) 사람이 세상에 드물다고 했다. 대상의 참다운 면모를 파악하지 못하고서는 올바른 대응은 불가능하고 올바른 대응이 되지 않고서는 가족, 그리고 나아가 사회에서 올바른 인간 관계의 실현도 따라서 불가능하다. 그래서 修身하는 자의 形而下學的인 中正之心이라 할 수 있다. 우리는 여기에 집중하여 항상 생활화해야 한다. 과거 일반 선비들이 이 다섯 가지를 마음에 새기기 위하여 기록하여 두고 修身의 대상으로 삼았다.

朱子註

人은 謂衆人이라 之는 猶於也ㅣ오 辟은 猶偏也ㅣ라 五者ㅣ 在人이 本有當然之則(칙)이나 然이나 常人之情은 惟其所向而不加察焉則必陷於一偏而身不修矣ㅣ라

〈傳文에서 말하는〉人은 衆人(여러 사람, 일반 사람)을 말한다. 之는 於와 같다. 辟은 偏과 〈뜻이〉 같다. 위의 다섯 가지가 사람에게 있음이 본래부터 사람에게는 당연히 있는 법칙이나 보통 사람의 情은 오직 그 향하는 바에 더하여 살피지 아니한즉, 반드시 한 편벽됨에 빠져서 몸이 닦이지 않을 것이다.

[설명] 곧 보통 사람이면 不中正으로 흐르기가 쉽다는 뜻이다.

驕:교만할 교 肆:방자할 사 衆:무리 중 偏:치우칠 편 則:법 칙 常:항상 상 惟:생각할 유 察:살필 찰 陷:빠질 함

0802

故로 **諺**에 **有之**하니 **曰 人**이 **莫知其子之惡(악)**하며 **莫知其苗之碩**이라하니라

그러므로 속담에 이러한 말이 있으니, '사람이 그 아들의 악한 것을 알지 못하며 그 싹의 큰 것을 알지 못한다' 하였다.

· 諺: 보통하는 말. 속담. 行茶飯.[1]

總說

윗글은 본장 제1절(0801)에 '**好而知其惡**하며 **惡而知其美**'의 예를 든 문장이다.

各說

윗문장처럼 이러한 不中正한 현상이 현재 우리가 생활하는 데에도 나타나고 있다. 溺愛[2]로 편벽되었기에 제 자식 나쁜점을 못 알아 보고, 貪得으로 편벽되었기에 제 곡식의 싹이 큰 것(예;자기 논의 곡식이 큰 것)을 모르는 것이다. 이러한 것을 탈피하여 中正을 아는 자는 드물다. 만약 편벽된 현상으로부터 탈피되었다면 修身齊家는 된 사람이라고 할 수 있다. 그러므로 윗문장은 '欲齊其家者'는 '先修其身'부터 해야 한다는 글의 설명이라 할 수 있다. 이와 관련하여『書經』「虞書・堯典」의 글을 인용하여 보자.

예)帝曰 疇咨若時하야 登庸코 放齊曰 胤子朱ㅣ 啓明하니이다. 帝曰 吁ㅣ라

---

1) 차와 밥을 먹고 행하는 말로써 쉽게 주고 받는 말
2) 사랑에 빠지는 것
諺:속담 언 莫:없을 막 苗:모 묘 碩:클 석 疇:밭두둑 주 咨:물을 자 若:같을 약 放:놓을 방 胤:이을 윤 啓:열 계

嚚訟이어니 可乎아

임금께서 말씀하시기를 "누가 때를 따라 등용할 만하오?" 하니 방제가 말하기를 "맏아드님 주가 총명하십니다"고 하였다. 임금께서 말씀하시기를 "아! 그 애는 말에 충성과 믿음이 없고 말다툼만 잘하는데 되겠소?" 하셨다.

[설명] 일반인들은 곡식은 남의 곡식이 좋고, 자식은 내 자식이 좋다고 생각하기 쉽다. 또 제 자식이 남과 싸움질을 하더라도 자기 자식이 잘못되었다고 생각하는 사람이 드물다. 그러나 『서경』에서 보듯이 요임금은 아들인 丹朱의 성품을 객관적으로 판단하였고, 왕위마저도 계승시키지 않았으니 일반 사람의 사고를 초월한 사람이라 하겠다.

朱子註

諺은 俗語也ㅣ라 溺愛者는 不明하고 貪得者는 無厭하나니 是則偏之爲害而家之所以不齊也ㅣ니라

諺은 時俗의 말이다. 사랑에 빠진 자는 밝지 못하고, 얻기를 탐하는 자는 만족함이 없으니, 이것은 곧 편벽된 것이 해로움이 되어 집안을 가지런하게 하지 못하는 것이다.

[설명] 대가족 제도에 있어서의 생각이니 촌수가 좀 멀다고 하여도 함께 정을 주어야지 偏愛나 溺愛를 해서는 아니 된다는 것이다.

嚚:어리석을 은 訟:송사할 송 貪:탐할 탐 得:얻을 득 厭:넉넉할 염 害:해칠 해

0803
此謂身不修ㅣ면 不可以齊其家ㅣ니라

이를 일러서 '자기의 몸이 닦아지지 아니하면 그 집안을 가지런히 하지 못한다'는 것이다.

各說

修身이 되지 아니한 자는 齊家가 어렵다고 윗문장은 말하고 있다. 그러므로 修身을 위해서 많은 것을 배워야 하고 교양을 쌓아야 한다.

朱子註

右는 傳之八章이니 釋修身齊家하다

右는 傳文8章이니, 修身・齊家를 해석한 것이다.

傳9章

0901
所謂治國이 必先齊其家者는 其家를 不可敎ㅣ오 而能敎人者ㅣ 無之하니 故로 君子는 不出家而成敎於國하나니 孝者는 所以事君也ㅣ오 弟者는 所以事長也ㅣ오 慈者는 所以使衆也ㅣ니라

  이른바 나라를 다스리려면 반드시 먼저 그 집안을 가지런히(整齊) 함에 있다는 것은, 그 집안을 가르치지 못하면서 능히 남을 가르치는 자는 없다. 그러므로 군자는 집에서 나가지 아니하여도 가르침(敎化, 德化)이 나라에 이룩되어지는 것이니, 孝라는 것은 임금을 섬기는 바(길)이고, 弟라는 것은 어른을 섬기는 바이고, 慈라는 것은 대중을 부리는 바다.

而:말이을 이 能:능할 능 敎:가르칠 교 成:이룰 성 於:어조사 어 事:일 사 弟:공경할 제 慈:사랑 자 使:부릴 사 衆:무리 중

總說

윗문장은 齊家가 治國의 근본이 됨을 말했다.

各說

- 君子는 不出家而成教於國하나니: 明德을 가진 군자라면 가까운 곳에서 먼 곳까지 자기의 德化를 미치게 한다. 가령 집 밖에 나가지 않더라도 明德의 자연감화는 금지할 수 없는 것으로 결국 온나라 사람에게까지 교화가 널리 침투하게 된다.

  齊家와 治國을 연결시키고 있는 고리는 이른바 수완이나 능력이 아니라 그 이전에 人倫과 德이 있어야 한다.

  德化로써 이룩되는 좋은 예를 들어 말하자면 다음 어절들이다.

- 孝者는 所以事君也ㅣ오: "孝라는 것은 임금을 섬기는 바(길)이고"라는 말은 가족 내에서 어버이에게 효성이 지극한 사람이 나아가 가족 밖인 나라에 나아간다 해도 그 至孝한 정성이 충성으로 化하여 임금을 섬기게 된다는 것이다. 즉, 부모에게 孝道하는 마음을 그대로 임금에게 옮기면 忠이 된다.

- 弟者는 所以事長也ㅣ오: "弟라는 것은 어른을 섬기는 바이고"라는 말은 가족 내에서 동생이 형을 공경하는 질서가 서 있는 사람이라면 사회에 나아가서 하위자가 상위자를 받드는 질서를 확립하게 될 것이다. 다시 말해 동생이 형에게 공경하는 마음을 그대로 가지고 사회에 나아간다면 어른을 공경하는 것이 된다.

- 慈者는 所以使衆也ㅣ니라: "慈라는 것은 대중을 부리는 바라는 것이다"라는 말은 가족 내에서 어버이로서 자식에게 자애심을 베푸는 마음이 있는 사람은, 사회에 나아가면 대중을 거느릴 수 있는 신망을 가지게 되며, 대중을 부릴 수 있고 정치(治國)를 잘한다는 뜻이다.

```
齊家 － 君子不出家 ┬ 부모에게 孝道하는 것
      (家內)      ├ 형제 간에 서로 恭順하는 것(悌로써 한다)
                  └ 자식에게 慈愛心으로 하는 것
  ↓
治國 － 成教於國 ┬ 事君也 : 忠으로 나타난다
      (社會)    ├ 事長也 : 敬으로 나타난다
                └ 使衆也 : 信으로 나타난다
```

그러므로 이와 같은 원리로 집에서 불효하는 사람이 나라의 정치를 잘할 수 없으며, 또 충성을 다 할 수 없는 것이다. 그러므로 齊家가 治國의 근본이 된다.

```
孝者 － 事君 － 忠
弟者 － 事長 － 敬
慈者 － 使衆 － 信
```

위의 표에 있는 세 가지 덕목을 다 갖출 때 治國이 잘 될 수 있다. 곧 齊家가 治國으로 직결된다. 求忠臣於孝子之門(효자 가문에서 충신을 구하라)이라는 말이 있듯이 정치하는 사람은 위의 세 가지를 모두 가져야 한다.

朱子註

身修則家可教矣│니 **孝弟慈**는 **所以修身而教於家者也**│라 **然而國之所以事君事長**과 **使衆之道**│ **不外乎此**하니 **此所以家齊於上而教成於不也**│니라

〈자신의 몸이〉 닦아지면 곧 집안을 가르칠 수가 있는 것이니, 곧 孝와 弟와 慈는 이로써 닦아 집안을 가르치는 것이다. 그러나 나라의 임금을 섬기고 어

求:구할 구 可:옳을 가 外:밖 외 此:이 차

른을 섬기고 여러 사람을 부리는 道도 이에서 벗어나지 아니하니, 이것이 어른(윗사람)이 집안을 가지런히 하면 가르침이 아래에까지 이루어진다는 것이다.

[설명] 孝·悌·慈의 修身과 家齊를 함으로써 나아가 모든 것을 다 이룰 수 있다.

0902
康誥에 曰 **如保赤子**ㅣ라하니 **心誠求之**면 **雖不中**이나 **不遠矣**ㅣ니 **未有學養子而后**에 **嫁者也**ㅣ니라

〈『書經』「周書」의〉 康誥篇에 이르기를 '갓난아기 돌보듯 하라' 하였으니, 마음에 정성껏 구하면 비록 〈갓난아기의 뜻을〉 적중하지는 못하더라도 〈그 갓난아기의 뜻에〉 멀지는(틀리지는) 않을 것이니, 자식 기르는 법을 배워서 시집 가는 자는 있지 아니하다.
- 赤子: 幼兒를 뜻함.
- 未有: 있지 아니하다.
- 不中: 이에 상대되는 말은 的中이다.

總說

傳文9章이 齊家·治國을 해설한 글로서 윗문장은 이것에 비유하여 은나라 마지막 왕인 紂王의 망한 지역에 周公이 康叔을 보내면서 善政을 베푸는 위정자의 마음가짐을 말했다.

康: 편안할 강 誥: 고할 고 保: 지킬 보 赤: 붉을 적 誠: 정성 성 雖: 비록 수 遠: 멀 원 養: 기를 양 后: 뒤 후 嫁: 시집갈 가

各說

- 如保赤子ㅣ라하니: 爲政者의 마음가짐이 집에서 갓난아이 돌보듯한 정성으로 백성에게 가진다면 善政을 하지 아니하겠는가. 곧 백성 돌보기를 慈母가 襁褓幼兒를 돌보듯 하라는 것이다. 『서경』에서는 '如保赤子'가 '若保赤子'로 되어 있다. ※赤子心 → 天賦之性 → 至善.
- 心誠求之면: 마음에 정성을 가지고 赤子의 뜻을 알려고 한다는 것이다.
- 雖不中이나 不遠矣ㅣ니: 비록 中正之道에는 맞지 아니하지만 이에 접근한다는 뜻이다.
- 未有學養子而后에 嫁者也ㅣ니라: 자기 자식을 기르는 법을 알고 나서 시집을 가는 사람은 아무도 없다. 天理에 맞게 하면 모든 것이 다 이룩될 수 있다. 그러므로 정치도 이와 같이 배워서 하는 것은 없다. 天理에 순응하고 가족을 이끌어 나아가는 法度를 확대하였다고 여기고 이를 백성에게 베풀어 준다면 明政과 仁政이 되지 아니할까.

고로 나라는 가족의 규모가 큰 것이며 또 個個가 합쳐 나라가 된 것이니, 앞절에서 말한 '孝者－事君－忠', '弟者－事長－敬', '慈者－使衆－信'이면 훌륭한 治國이 가능하다. 齊家의 정신이 治國의 정신으로 확대된 것과 같다. 집안의 道德 → 나라의 道德이 된다.

갓난아기는 그의 생각을 말로 표현할 수 없다. 그러나 그 어머니의 자애심이 至誠에서 發하면 갓난아기의 뜻이 있는 곳을 알게 된다. 그렇지만 그것이 비록 갓난아기의 마음에 적중하지 못했을지라도 과히 엉뚱하게 크게 틀리지는 아니한다. 배움으로 모든 것을 잘하는 것만은 아니다. 백성을 통치하는 자는 그 마음을 옳게 잡지 못하는 수가 많은데, 그것은 원래 慈愛라는 內實이 없는 데서 통찰을 못하기 때문이다.

고로 "갓난아기 기르기를 배우고 난 뒤에야 시집 갔다는 사람은 아직 없다"고 한 비유는 갓난아기를 돌보는 어머니의 자애로운 마음은 作爲的으로

襁:포대기 강 褓:포대기 포

배우지 않더라도 至誠만 가지면 마음 속에서 자연히 우러나오기 마련이다. 이와 같이 위정자가 백성을 거느리는 道는 이 慈母의 마음을 확충해 나아가는 데 벗어나지 않을 뿐이라는 말이다. 결국 齊家를 잘하는 사람이면 治國도 잘하게 된다는 뜻이다.

朱子註

此는 引書而釋之하야 又明立敎之本이 不假强爲ㅣ오 在識其端而推廣之耳ㅣ니라

이는 『書經』을 인용하여 그것을 풀이하여, 또한 가르침을 세우는 근본을 거짓 억지로 강요해서 할 것이 아니라, 그 端緖를 알아서 미루어 넓히는 데 있음을 밝힌 것이다.

- 明立敎之本이 不假强爲ㅣ오 在識其端而推廣之耳ㅣ니라: 이 어절에서 '明'은 가장 나중에 해석한다.

[설명] 그 端緖를 알아낸다 함은 赤子를 보호하는 근본 정신을 알아낸다 함이다. 곧 부모의 자애로운 마음을 가리킨다. 위의 가르침을 근본으로 하여 이를 확대해 백성에게까지 넓혀서 나아간다는 것이다.

0903

一家ㅣ 仁이면 一國이 興仁하고 一家ㅣ 讓이면 一國이 興讓하고 一人이 貪戾하면 一國이 作亂하나니 其機如此하니 此謂一言이 僨事ㅣ며 一人이 定國이니라

假:거짓 가 强:굳셀 강 識:알 식 端:바를 단 推:밀 추 廣:넓을 광 興:일 흥 讓:겸손할 양 貪:탐할 탐 戾:어그러질 려 作:지을 작 亂:어지러울 란 機:틀 기 僨:넘어질 분 定:정할 정

한 집안이 서로 어질게 다스리면 한 나라가 어진 기풍(仁)이 일어나고, 한 집안이 겸양의 미덕을 가지고 잘 다스려지면 한 나라가 서로 사양과 겸양지심의 기풍(讓)이 일어나고, 한 사람이 탐욕하고 〈道에〉 어긋나면 한 나라가 혼란이 일어날 것이니, 그 기틀(동기)이 이와 같다. 이것을 일러 '한 마디 말이 일을 그르치게 하고, 한 사람이 〈잘함으로〉 나라를 안정시킨다'고 하는 것이다.

- **貪戾**: 節度를 벗어난 욕심. 貪: 재물을 탐내는 것(形而下). 戾: 道에 어긋나는 것(形而上).
- **僨事**: 일을 망치는 것.

總說

　윗문장은 가족의 확대가 곧 국가라는 내용의 비유 설명이다.

各說

- 一家 l 仁이면: 한 가족의 온 집안 식구가 仁의 마음을 가지면 이로써 이러한 것이 파급되어 한 나라가 어진 기풍이 일어나게 된다. 仁이라고 하는 것은 사람의 마음이 善으로 흘러가되 간단없이 곧 動靜有常으로 계속해서 흘러가는 것이 흡사 사람의 몸에 피가 흘러가는 것처럼 그러한 것이다. 만약에 피가 사람 몸에서 不流通이면 '手足이 不仁하다'고 한다.
- 其機如此하니: 곧 나라의 잘되고 못되는 것은 그 근본이라고 할 수 있는, 한 사람의 위정자나 한 가정의 구성원인 한 가족, 나아가 국민 각자 개개인 한 사람이라는 뜻이다. 其機如此에서 '機'는 '幾'와 같으며, 어떤 일이 일어나고 시작되는 焦點, 起點이라고 할 수 있다. 위의 문장에서 '機'에 해당되는 것으로 仁, 讓, 貪戾가 이에 해당한다. 여기 機(幾)字의 의미와 관련하여 『주역』에서 한 문장을 인용하여 보자.

예) 幾者는 動之微니 吉之先見者也ㅣ니 君子ㅣ 見幾而作하야 不俟終日이니 易曰 介于石이라 不終日이니 貞코 吉타하니 (「繫辭下傳」)

幾라는 것은 〈사물의〉 움직임〈또는 마음이 움직여 가는〉 극히 미세한 징조로써 길흉의 단서가 먼저 드러나는 것이다. 군자가 그 기틀을 보아서 행동하며 써야 할 때는 써야 한다. 하루 종일을 기다리지 아니한다. 『주역』에서 설명하기를 〈䷏雷地豫卦 六二爻에서〉 절개 또는 의지가 돌과 같다고 하였다. 종일을 기다리지 아니하니 마음이 한결같이 바르게 가면 길하리라 하였다.

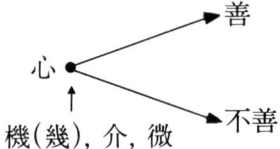

• 一人이: 그 나라의 임금, 통치자 또는 한 가정의 구성원인 한 사람을 말한다.

朱子註

一人은 謂君也ㅣ라 機는 發動所由也ㅣ라 僨은 覆敗也ㅣ라 此는 言教成於國之效ㅣ라

한 사람은 임금을 이르는 것이다. 機는 드러나 움직이는(發動하는) 연유이다. 僨은 뒤집혀 敗하는 것이다. 이러한 것은 가르침이 나라에 이루어지는 효과를 말씀한 것이다.

[설명] 윗문장은 잘 가르치면 좋고, 잘못 가르치면 결과는 나쁘다는 것을 말

幾:기미 기 微:작을 미 俟:기다릴 사 介:굳을 개 于:어조사 우 雷:우레 뢰 豫:미리 예 覆:뒤집힐 복 敗:깨뜨릴 패

하고 있다.

0904
堯舜이 **帥**(솔)**天下以仁**하신대 **而民**이 **從之**하고 **桀紂**ㅣ **帥天下 以暴**한대 **而民**이 **從之**하니 **其所令**이 **反其所好**ㅣ면 **而民**이 **不從** 하나니 **是故**로 **君子**는 **有諸**(저)**己而後**에 **求諸人**하며 **無諸己而 後**에 **非諸人**하나니 **所藏乎身**이 **不恕**ㅣ오 **而能喩諸人者**ㅣ **未之 有也**ㅣ니라

 요임금과 순임금이 천하를 통솔하기를 仁〈愛〉로써 하시니 백성들이 거기 (仁政)에 따르고 〈夏나라의〉 桀王과 〈殷나라의〉 紂王[1]이 천하를 통솔하기를 포악으로써 하니 백성이 거기(포악)에 따라 했다. 그들이 내리는 명령이 자기가 좋아하는 것에 반대되면 백성이 따르지 않는다. 이런 고로 군자는 자기 몸에 그것(善)이 있는 뒤에 그것을 남에게 있기를 요구하며, 자기 몸에 그것 (惡)이 없는 뒤에야 그것을 남에게 비난할 수 있는 것이니, 내 몸(마음) 속에 용서해 줄 수 있는 마음이 간직되어 있지 아니하면 능히 남에게 〈용서함을〉 깨우쳐 줄 사람은 아무도 없는 것이다.

 •諸: 문장의 중간에 있으면 語助辭로써 '之於'의 뜻이다. 문장 끝에 있으면 '之乎'의 뜻이 되어 의문문이 된다.

---

1) 桀紂: 桀은 夏나라의 末王이며 폭군으로 유명하다. 殷나라 湯王이 정벌하였다. 紂는 은나라 末王이며 폭군의 대표적인 왕이다. 周나라 武王이 정벌하였다.
堯:요임금 요 舜:순임금 순 帥:거느릴 솔 從:좇을 종 桀:하임금 걸 紂:주임금 주 暴:사나울 포 諸:모든 제 藏:감출 장 恕:용서할 서 喩:깨우칠 유 未:아닐 미

總說

윗문장은 한 사람 곧 군왕이나 지도자의 역할이 얼마나 큰 것인가에 대한 예다. 그리고 실제로 善政을 베푼 聖君과 虐政을 한 暴君의 예를 들었다.

各說

다음의 두 어절은 '上行下效'로써 윗사람이 행하는 바를 아랫사람이 본받는다는 뜻이다. 또한 仁으로써 행동했던 사람과 不仁으로써 행동했던 사람의 예를 들었다.
- 堯舜이 帥天下以仁하신대 而民이 從之하고: 仁
- 桀紂 l 帥天下以暴한대 而民이 從之하니: 不仁

아래의 어절들은 군자의 마음 가짐의 예이다.
- 有諸己而後에 求諸人하며: 자기가 善을 행함으로써 남에게도 善을 요구해야 한다. 다시 말해 군자는 자기가 善을 갖춘 뒤에야 남에게 善을 하도록 요구한다는 것이다.
- 無諸己而後에 非諸人하나니: 자기가 惡을 행하지 않은 연후에야 남에게도 악함을 비난할 수 있다. 곧 자기가 선행을 함으로써 남에게도 善을 하도록 요구할 수 있으며, 자기가 악행을 하지 않은 후에야 남에게도 그 악행을 비난할 수 있다. 자기 자신을 다스리는 것과 같은 마음으로 남을 다스리고, 자기 자신을 사랑하는 것과 같은 마음으로 남을 사랑한다는 것이다. 즉, 治己(修己) → 治人이다.
- 所藏乎身이 不恕 l 오: 내가 나 자신에게 용서해 줄 수 있는 마음가짐이 있다는 것이다. 제몸에 간직한 바 있는 容恕의 性이 없고는 능히 남을 깨우치는 사람은 아직(아마) 없을 것이다. 堯舜은 자신으로부터 善과 仁을 미쳐서 나아갔으며, 桀紂는 자신의 양심을 속이고 不善을 행하였으니 자신을 恕하

虐:사나울 학 效:본받을 효 容:얼굴 용

지 못했다.

- 所藏乎身이 不恕 | 오 而能喩諸人者 | 未之有也 | 니라: 직역하여, 내 몸에 간직한 바 용서하지 못하는 마음은 능히 남에게 용서하는 마음을 깨우쳐 주는 자가 있지 아니하나니라. 곧 내가 자신을 용서하는 마음으로 남에게도 용서해 줄 수 있으며, 내 자신을 용서하지 못하는 마음이 있다면 역시 남에게도 용서하지 못한다는 것이다. 이 어절과 관련하여 다른 경전의 예를 들어 보도록 하자.

예1) 忠恕 | 違道不遠하니 施諸己而不願을 亦勿施於人이니라 (『中庸』제13장)

　　 忠과 恕(충성과 용서)가 道에서 멀리 떨어져 있지 않으니, 〈예를 들자면〉 자신에게 베풀어서 원치 아니한 것을 또한 남에게 베풀지 말라는 것이다.

　2) 曾子 | 曰 夫子之道는 忠恕而已矣시니라 (『論語』「里仁」)

　　 증자께서 말씀하시기를 "선생님의 道는 忠과 恕(충성과 용서)일 뿐이다"고 하셨다.

朱子註

此는 又承上文一人定國而言이라 有善於己然後에 可以責人之善이오 無惡於己然後에 可以正人之惡이니 皆推己以及人 | 所謂恕也 | 라 不如是則所令이 反其所好而民不從矣 | 라 喩는 曉也 | 라

이것은 또한 윗글의 '한 사람이 〈잘함으로〉 나라를 안정시킨다'는 것을 이어서 말씀하신 것이다. 착한 것(善)이 자기 몸에 있은 연후에 다른 사람의 착한 것을 責할 수 있을 것이요, 악한 것이 자기 몸에 없는 연후에 다른 사람의 악한 것을 바로잡을 수 있으니, 이 모두가 자기를 미루어서 남에게 미치는 것으로써 이른바 〈容〉恕라는 것이다. 이와 같이 아니하면 곧 명령하는 것이 그

違:어길 위　遠:멀 원　施:베풀 시　願:원할 원　亦:또 역　承:받들 승　責:꾸짖을 책　然:그러할 연
皆:다 개　推:밀 추　及:미칠 급　恕:용서할 서　是:옳을 시　曉:깨달을 효

좋아하는 것에 반대가 되어, 백성이 따르지 않을 것이다. 諭는 깨닫는 것이다.
· 推己〈以〉及人 : 자신의 경우를 미루어서 남에게 미치게 한다.

0905
故로 治國이 在齊其家ㅣ니라

그러므로 나라를 다스림이 그 집안을 가지런히 함에 있다는 것이다.

> 總說

집안을 바로잡는 마음으로 나라를 다스리면 된다는 뜻이다.

> 各說

윗문장은 잘못 편찬되었다고 볼 수 있다. 堯·舜의 가족이나 공자의 가족에 대하여 볼 때 그들은 齊家가 되지 못하였다. 특히 治國을 한 堯와 舜의 경우에 齊家가 잘 되었다고 하면 그들의 아들에게 왕위를 전할 것이나 그렇지 못했다. 그러나 堯·舜이 천하를 주고 받는 데는 仁으로써 하였으니 가정사에 구애를 받아 仁을 해칠 수는 없는 것이다. 齊家가 아니 되었다 하더라도 보다 더 큰 백성에 대한 다스림을 위해서는 堯·舜의 仁에다 한 나라를 맡기게 되었다. 이리하여 仁으로써 전통을 이어갔다.
　이와 관련하여 내가 15세 때 선생님께 질문하기를 "修身齊家治國平天下"에서 齊家가 되지 아니한 사람이 治國을 할 수 있겠습니까?" 하고 여쭈니 선생님은 대답을 못하셨다. 후에 나 자신이 홀로 이 의문을 풀었는데, 그 내용은 다음과 같다. 그때는 이미 修身齊家의 단계가 아니고 萬乘天子가 되어서 있을 때였다. 明政을 어떻게 베풀었는가 하는 것이 문제인데, 그 근본을 仁으로 했었던 것이다. 그러기에 堯·舜은 후세에 이름이 나 있고 桀·紂는 不仁으로써 백성에게 베풀었기에 惡名으로서 오늘날까지 이름이 남아 있는 것이다.

朱子註

通結上文이라

윗글을 통하여 맺은 것이다.

[설명] 여기서 윗글의 내용은 齊家의 孝, 悌, 慈의 정신과 赤子之心을 가지고 仁을 근본으로 삼아서 堯·舜과 같은 聖君이 되도록 하라는 것이다.

0906
詩云 桃之夭夭1여 **其葉蓁蓁**이로다 **之子于歸**여 **宜其家人**이라하니
宜其家人而后에 **可以教國人**이니라

『시경』에 이르기를 '복숭아 꽃의 아름다움이여, 그 잎이 무성하도다. 이 아가씨(子) 시집을 가니 그 집안 사람에게 잘하리로다'고 하였으니, 그 집안 사람을 마땅하게 옳게(화목하게) 하고 난 연후에 나라 사람들을 가르칠 수 있을 것이다.

- 夭夭: 젊고 용모가 아름다움.
- 蓁蓁: 아름답고 盛한 모양.
- 之子: '之'는 是이고, '子'는 여자—처녀—님이다.

通:통할 통 結:맺을 결 云:이를 운 桃:복숭아나무 도 夭:어릴 요 葉:잎 엽 蓁:우거질 진 歸:돌아갈 귀 宜:마땅할 의

總說

윗문장은 『詩經』 「國風·周南」 桃夭篇 중 한 구절이다. 桃夭篇은 신혼을 노래한 시다.

各說

'宜其家人'이 되지 못한 사람은 治國—敎國人이 될 수 없다는 것이며, 이 敎國人 곧 남을 가르치려면 내 집안 사람(가족)으로부터 화목하게 하고 婦德을 행함으로써 차차 그 덕이 외부로 나타나 온 나라 사람을 교화시켜 가는 것이다. 그러므로 한 가정에는 한 여자가 잘 들어와야 한다. 특히 家人, 여자가 등장하는 것은 가족에 있어서 주부란 모든 것의 중추적 역할을 하는 사람이다. 고로 宜其家人이라 했고 이것이 된 후에야 敎國人이라 하였다. 그리고 남자는 여자가 가정의 주부 노릇하는 데에 만족할 수 있도록 사랑하고 이해하며 그 위치를 인정해야 하나 애처가가 되어야지 공처가가 되어서는 아니 된다. 역시 여자인 주부도 그렇게 되도록 유도하고 조종해야 하겠다.

윗문장은 『詩經』의 「國風」인데, '風'은 풍자적이고 조금이라도 과장해서 시를 지어야 멋이 있다. 예를 들어 사람 몸에 붙어 사는 '이'를 과장하다 보면 이가 쥐보다도 크기가 더 커지는 수가 생긴다. 즉, "쥐가 강아지만 하다. 이는 황소만 하다"고 비유하여 이가 쥐보다도 더 커지게 되는 것이다. 이런 연유로 道學君子는 詩를 많이 짓지 아니한다. 거짓말을 해야 하니까.

朱子註

詩는 周南桃夭之篇이라 夭夭는 少好貌ㅣ오 蓁蓁은 美盛貌ㅣ라 興也ㅣ라

之子는 猶言是子니 此는 指女子之嫁者而言也ㅣ라 婦人이 謂嫁曰歸ㅣ라 宜는 猶善也ㅣ라

詩는 「周南」 桃夭篇이다. 夭夭는 젊어서 좋은 모양이요, 蓁蓁은 아름답고 盛한 모양이니, 〈詩의〉 興體²⁾이다. 之子는 是子라는 말과 같으니, 이것은 여자의 시집가는 자를 가리켜 말한 것이다. 婦人이 시집가는 것을 歸라고 한다. 宜는 착함(善)과 같다.

- 是子: 이 아가씨. 이 자식.

0907

詩云 宜兄宜弟라하니 宜兄宜弟而后에 可以敎國人이니라

『시경』에 이르기를 '형에게도 잘하고 아우에게도 잘한다' 하였으니, 〈가족에 있어서〉 형에게 잘하고 아우에게도 잘한 뒤에야 나라 사람들을 가르칠(교화시킬) 수 있는 것이다.

- 宜: 자기의 책임을 다하는 것(→ 義).

總說

윗문장은 『詩經』 「小雅・南有嘉魚之什」 蓼蕭篇의 한 구절이다. 이 편은 경사스러운 날 잔치를 벌여 놓고 부르는 노래이다.

---

2) 이 책 원문 0304-2의 朱子註 [설명]란에 자세히 설명되어 있다.
蓁: 무성할 진 貌: 얼굴 모 興: 일 흥 猶: 오히려 유 指: 손가락 지 嫁: 시집갈 가 雅: 메까마귀 아
嘉: 아름다울 가 蓼: 풀긴 모양 륙 蕭: 쑥 소

> 各說

- **宜兄宜弟**라 하니 : 형제 간에 화목하게 잘 지낸다는 뜻이다. '難兄難弟'는 마음이 합쳐질 수가 없고 어려운 처지일 때 쓰는 말이다. 형제는 좋을 때는 그 사이가 가장 좋으나 나쁠 때는 남보다도 그 사이가 더 나쁘다. 그러므로 兄友弟恭이 되어야 한다. 왜냐하면 성장하면 딴 살림을 하기 때문이다. 이 세상에는 형제 사이의 宜가 좋지 못한 예가 많다. 참고 삼아 六爻占의 世應 관계를 예로 들어보면, 比我者는 兄弟, 我克者는 妻才(財), 生我者는 父母, 克我者는 官鬼, 我生者는 子孫이 되는데 比我者의 兄弟運이 점으로 나타나면 앞으로의 일이 방해가 된다고 한다.

兄友弟恭하는 가정의 화목과 덕을 가지고서 齊家를 한 연후에 이러한 것이 외부로 나타나서 나라 사람들이 이에 따라 교화된다는 것이다. 윗문장과 관련하여 『주역』에서 한 문장을 인용하여 보자.

예) 父父子子兄兄弟弟夫夫婦婦而家道ㅣ 正하리니 正家而天下ㅣ 定矣리라
象曰 風自火出이 家人이니 君子ㅣ 以하야 言有物而行有恒하나니라
(☴☲ 風火家人卦)

아버지는 아버지의 임무를 다해야 하고 아들은 아들의 일과 형은 형의 일, 아우는 아우의 일, 남편은 남편의 일, 주부는 주부의 일을 다하여 집안을 바르게 하면 천하가 안정되어진다. 象에서 말하기를 "바람이 불에서 나오는 것이 家人卦다. 군자가 이것을 본받아 말은 實物이 있는 것을 보고 하며 행동은 〈항상 변하지 않고〉 항구적으로 행하나니라" 하였다.

[설명] 家人卦에서 六二爻가 中正이며 主爻가 된다. 또 위의 예문은 사람은 언행에 대한 모범을 보여야 한다는 것을 말하고 있으며 즉, 言行兼備 → 家和萬事成, 家庭平和 → 平天下로 이어진다는 것이다. 父父에서 앞의 '父'자는 아버지의 位를 가리키고, 뒤의 '父'자는 자기의 책임과 도리를 다하는 것으로서의 父다. 이하도 이처럼 분석하여 해석된다. 결국 齊家란 부부와 형제의 일이다.

比:견줄 비 克:이길 극 才:재주 재 恭:공손할 공 恒:항상 항 兼:겸할 겸 備:갖출 비

朱子註

詩는 小雅蓼蕭篇이라

詩는 「小雅」 蓼蕭篇이다.

0908
詩云 其儀不忒이라 正是四國이라하니 其爲父子兄弟ㅣ 足法而后에 民이 法之也ㅣ니라

『시경』에 이르기를 '그 거동이 어그러지지 않는지라, 이 사방의 나라를 바로잡는다'고 하니, 그 아버지와 아들, 형과 아우되는 이가 넉넉히 法한 뒤에야 백성들이 본받게 되는 것이다.

總說

윗문장은 『詩經』「國風·曹風」 鳲鳩篇의 한 구절을 따온 글이다. 이 편은 明君의 治績을 흠망하고 회고하여 부른 시다.

各說

윗문장에서 백성은 임금이나 신하나 어느 누구를 막론하고 그 가족에 있어서 자기의 소임과 가족 간의 화목하고 모범이 된 것을 보고 본받게 된다는 것을 말했다.

儀:거동 의 忒:틀릴 특 足:근본 족 鳲:뻐꾸기 시 鳩:비둘기 구 績:공 적

- 其儀不忒이라: 자기의 질서와 위치(행동)가 어긋남이 없다는 뜻이다. 儀는 '義'의 뜻이 있다. 아울러 '昊天不忒'은 天道는 어긋남이 없다는 뜻이 된다.
- 正是四國이라하니: 천하를 바로잡을 수 있다. 윗문장으로 보아서 '正'은 교화·감화의 뜻에 가깝다.
- 足法而后에: 자기의 할 일을 다한 이후에.

윗문장과 관련하여 『시경』의 원문을 인용하여 보자.
예) 鳲鳩在桑하니 其子在棘이로다 淑人君子ㅣ여 其儀不忒하니 正是四國이로다

뻐꾸기는 뽕나무에 앉아 있고 그 새끼는 가시나무에 앉아 있는 구나. 훌륭한 군자님은 언행이 어긋나지 않네. 언행이 어긋나지 않으니 온 세상이 이를 본뜨리.
　·淑人: 선량하고 덕이 있는 사람. 文武官 婦人의 品階. 善人.

[설명] 결국 뻐꾸기가 뽕나무에서 먹이를 가져다 가시나무에 있는 새끼에게 먹여 주는 것을 말함. 이와 같이 뻐꾸기도 새끼를 먹여 살리거늘 우리 임금님도 이와 같다는 것이다. 어지신 우리 임금님이시여 뻐꾸기가 하는 赤子心과 어긋남(틀림)이 없도다. 이렇듯 어긋남이 없는 정신과 행동으로써 백성에게 임한다면 사방의 나라(曹나라)를 다 바로 잡을 수가 있다는 뜻이다.

朱子註

詩는 曹風鳲鳩篇이라 忒은 差也ㅣ라

시는 『曹風』 鳲鳩篇이다. 忒은 어그러짐이다.

桑:뽕나무 상 棘:가시나무 극 淑:맑을 숙 階:섬돌 계 曹: 마을 조

0909
此謂治國이 在齊其家 ㅣ 니라

이것을 일러 '나라를 다스리는 것이 그 집안을 가지런히 함에 있다'는 것이다.

總說

윗문장은 곧 자기가 살고 있는 제일 가까운 가족을 잘 정제함으로써 治國까지도 그러한 마음으로 해 나갈 수 있는 능력을 가지게 된다는 것이다.

各說

전문9장에서 "故로 治國이 在齊其家ㅣ니라"(0905)로써 끝이 났는데 이는 그 뒤의 "詩云 ……"의 세 문장(0906~8)을 강조하기 위한 글이 아닐까도 싶다. 그러나 이러한 뜻보다는 저작자(증자)의 깊은 뜻이 담겨져 있을 것이라 생각한다.

위의 세 편의 시를 살펴보면, 첫째 詩句는 家人에 대하여 — 夫婦, 두 번째 詩句는 兄弟에 대하여 — 兄弟, 세 번째 詩句는 온 백성에 대하여 — 나라 안의 四方을 말하고 있다. 즉, 첫 번째 시구에서 두, 세 번째로 이어지며 점점 확대하여 詩想의 소재가 넓어짐을 알 수 있다.

齊家 중 부부와 형제의 화목이 주요 관건이 되는데 특히 五倫에 관련되는 관계 중 부부 관계(夫婦有別)는 즉, 특별한 관계이다. 오륜 중 父子, 君臣, 朋友, 長幼 관계가 깨어졌다고 해도 서로의 관계를 저버릴 수 없는 데 반하여 부부 간의 관계는 깨어지면 남남이 되는 것이다. 夫婦有別에서 '別'字를 破字하여 그 특별한 의미를 새겨 보도록 하면,

別 ┌ 口 어떤 말로도 갈라 놓을 수 없다
　　├ 力 어떤 힘으로도 갈라 놓을 수 없다
　　└ 刂 창과 칼로도 갈라 놓을 수 없다

朱子註

此는 **三引詩**하야 **皆以詠歎上文之事而又結之如此**ㅣ라 **其深味長**하니 **最宜潛玩**이라

　이것은(여기에서는) 3개의 시를 인용하여 모두 윗글의 일을 시로 읊어 탄식하고, 또 맺기를 이와 같이 하여 그 맛의 의미가 깊고 기니(아득하니), 가장 마땅히 〈마음을〉 잠겨 완미(공부)해야 할 것이다.

右는 **傳之九章**이니 **釋齊家治國**하다

　右는 傳文9章이니, 齊家·治國을 해석하였다.

破:깨뜨릴 파 引:끌 인 詠:읊을 영 歎:읊을 탄 味:맛 미 深:깊을 심 最:가장 최 潛:잠길 잠 玩:즐길 완

傳10章

1001
所謂平天下ㅣ 在治其國者는 上이 老老而民이 興孝하며 上이 長長而民이 興弟하며 上이 恤孤而民이 不倍하나니 是以로 君子는 有絜矩之道也ㅣ니라

이른바 천하를 화평스럽게 함이 그 나라를 다스림에 있다는 것은, 윗사람이 〈윗자리에 있는 임금들이〉 늙은이를 늙은이로 섬기면 백성들이 〈이를 본받아서〉 효를 흥기하며, 윗사람이 어른을 어른으로 섬기면 백성들이 〈이를 본받아서〉 弟를 흥기하며, 윗자리에 있는 임금들이 외로운 사람들을 愛恤하게 한다면 백성들이 〈이를 본받아서〉 배반하지 아니할 것이니, 이러므로 군자는 絜矩之道를 가지는 것이다.

- 老老: 백성의 늙은이를 자기 집에 있는 연만한 늙은이와 같이 공경하고 잘 모시는 것을 말한다.

老:늙은이 로 興:일 흥 弟:공경 제 恤:구휼할 휼 孤:외로울 고 倍:더할 배 絜:헤아릴 혈 矩:곡척 구

- 弟: 悌로 해석한다. 공경하다.
- 恤: 불쌍히 여기는 것.
- 倍: 背. 신의를 버리고 돌아섬.
- 絜矩: 자와 저울을 뜻한다.
- 絜矩之道: 사람을 생각하고 살피어서 바른 길로 향하게 하는 도덕상의 규칙.

總說

傳文10章은 治國平天下를 해설한 글이다.

各說

- 上이 老老而民이 興孝하며: 임금이나 지도자의 위치에 있는 사람들이 가지는 마음이 자기가 모시고 있는 늙은 부모를 공경하듯, 나라 안 백성의 늙은 이를 자기 부모 모시듯 공경심이 미치게 된다면, 이에 감분하고 임금의 덕을 본받아서 효도하는 기풍이 흥기할 것이다. 현대적 상황으로 비유하면, 대통령이 자기 부모께 효를 다하면 백성이 이를 보고 자기 부모에게 효를 다한다는 것이다. 참고로 이 구절과 관련 있는 글을 『맹자』에서 찾아보면 다음과 같다.

    예) 老吾老하야 以及人之老하며 幼吾幼하야 以及人之幼ㅣ면 天下는 可運於掌이니 (「梁惠王」上)

    나의 어버이를 존경하는 마음으로 남의 어버이를 존경하며, 나의 어린애를 사랑하는 마음으로 남의 어린애를 사랑한다면, 천하를 손아귀에 쥐고 마음대로 움직일 수 있을지니.

吾:나 오 幼:어릴 유 運:부릴 운 掌:손바닥 장

- 老吾老. 老: 늙은이를 존경하고 섬기는 것.
    吾老: '나의 어버이'를 뜻한다.
- 以及人之老. 以及: 남의 어버이를 섬기는 데까지 미치게 된다는 것.
    人之老: 남의 어버이를 말한다.
● 上이 長長而民이 興弟하며: 윗자리에 있는 군주들이 어른을 어른으로 대접하면—자기 집안의 윗어른을 대접하듯 남의 집 윗어른 존경하면—백성이 이를 본받아서 공경하는 기풍이 일어날 것이다.

"平天下ㅣ在治其國者"의 마음가짐을 요약하여 보면,
- 老老: 興孝하여 이를 忠으로 승화시키고, ⎤
- 長長: 興弟하여 秩序를 세우고,　　　　　⎬ 絜矩之道
- 恤孤: 不倍하여 義理, 仁慈心를 발양한다. ⎦

다음 대문(1002)에 絜矩之道의 설명이 있으니 이를 참조하기로 하자.

朱子註

老老는 所謂老吾老也ㅣ라 興은 謂有所感發而興起也ㅣ라 孤者는 幼而無父之稱이라 絜은 度(탁)也ㅣ오 矩는 所以爲方也ㅣ라 言此三者는 上行下效하야 捷於影響하니 所謂家齊而國治也ㅣ라

老老는 〈『孟子』에서〉 나의 집 늙은이를 늙은이로 대접하는 말을 이름이고 興은 느껴서 發하는 바가 있어서 흥기하는 것을 이름이다. 孤라는 것은 어려서 아버지가 없는 것을 일컬음이다. 絜은 헤아린다는 것이고, 矩는 네모난 것을 재는 曲尺이다. 이 세 가지(興孝·興弟·不倍)는 위(군자나 지도자)에서 행하면 아래(백성)에서 본받는 것이 그림자와 메아리보다 빠르다는 말이니, 이른바 집안을 가지런함이 있어야 나라가 다스려진다는 것이다.

感:느낄 감 起:일어날 기 稱:일컬을 칭 度:헤아릴 탁 捷:이길 첩 影:그림자 영 響:메아리 향

- 言: "言此三者는 上行下效하야 捷於影響하니"에서 '言'은 제일 뒤에 해석한다.
- 矩: 制方之器. 曲尺.
- 上行下效: 추종.

亦可以見人心之所同而不可使有一夫之不獲矣라 **是以**로 **君子**ㅣ **必當因其所同**하야 **推以度物**하야 **使彼我之間**어로 **各得分願則上下四旁**이 **均齊方正而天下平矣**ㅣ라

또한 사람의 마음이 같은 바를 볼 수가 있으며 한 지아비로 하여금 얻지 못한 것이 있게 해서는 가히 안될 것이다. 이러므로 군자는 반드시 마땅히 그와 같은 바로 인하여 미루어 남을 헤아려서, 저와 나 사이로 하여금 각각 분수와 원하는 것을 얻게 하면 곧 위와 아래와 사방이 고르고 方正하여 천하가 태평할 것이다.

- 物: "推以度物하야"에서 '物'은 사람을 가리킨다. 物即人也.

1002
所惡(오)於上으로 **毋以使下**하며 **所惡於下**로 **毋以事上**하며 **所惡於前**으로 **毋以先後**하며 **所惡於後**로 **毋以從前**하며 **所惡於右**로 **毋以交於左**하며 **所惡於左**로 **毋以交於右**ㅣ **此之謂絜矩之道**ㅣ니라

윗사람을 미워하던 바로써 아랫사람을 부리지 말며, 아랫사람에게서 미워하던 바로써 윗사람을 섬기지 말며, 앞사람에게서 싫다고 느꼈던 것으로써 뒷

尺:자 척 使:하여금 사 獲:얻을 획 因:인할 인 推:옳을 추 彼:저 피 間:사이 간 願:원할 원 旁:두루 방 均:고를 균 方:모 방

사람을 먼저 하지 말며, 뒷사람에게서 싫다고 느꼈던 것으로써 앞사람을 따르지 말 것이며, 오른쪽 사람에게서 싫다고 느꼈던 것으로써 왼쪽 사람을 사귀지 말 것이며, 왼쪽 사람에게서 싫다고 느꼈던 것으로써 오른쪽 사람을 사귀지 않는 것이니, 이것을 일러 絜矩之道라고 한다.

· 惡: 미워하다. 싫어하다.

總說

윗문장은 혈구지도를 앞문장에 이어 거듭 반복하여 해설하였다. 윗문장은 나의 주관, 나의 목표가 있어야 함을 강조한 글이다.

各說

남이 그렇게 한다고 나도 그렇게 하고, 남이 저렇게 한다고 해서 나도 저렇게 해서는 아니 되겠다. 내 중심이 있어야 하고 내 주관이 있어야 한다. 이것을 혈구지도라고 한다. 즉, 나의 자와 저울이 있어야 하겠다.

朱子註

此는 覆解上文絜矩二字之義ㅣ라 如不欲上之無禮於我則必以此ㅣ 度(탁)下之心而亦不敢以此無禮로 使之하며 不欲下之不忠於我則必以此度上之心而亦不敢以此不忠으로 事之라 至於前後左右에 無不皆然則身之所處上下四旁ㅣ 長短廣狹이 彼此如一而無不方矣ㅣ라 彼ㅣ 同

此:이 차 覆:돌이킬 복 解:풀 해 禮:예도 례 我:나 아 亦:또 역 敢:감히 감 皆:다 개 處:살 처 廣:넓을 광 狹:좁을 협 彼:저 피

有是心而興起焉者ㅣ 又豈有一夫之不獲哉ㅣ아 所操者ㅣ 約而所及者ㅣ 廣이니 **此ㅣ 平天下之要道也ㅣ라 故**로 **章內之意ㅣ 皆自此而推之**ㅣ하니라

이 〈글〉은 윗글의 絜矩 두 글자의 뜻을 반복하여 풀이한 것이다. 만약 윗사람이 나에게 무례하고자 아니하면, 반드시 이것으로써 아랫사람의 마음을 헤아려서 〈나〉 또한 감히 이것으로써 무례하게 〈아랫사람을〉 부리지 아니하며, 만약 아랫사람이 나에게 불충함을 원하지 않거든, 반드시 이것으로써 윗사람의 마음을 헤아려서 〈나〉 또한 이것으로써 불충스럽게 〈윗사람을〉 섬기지 말 것이다. 前後와 左右에 이르러서도 다 그렇지 않음이 없는 것인즉 자신이 처하는 바의 上下와 四方과 長短과 廣狹이 피차 한결같아서 方正하지 않음이 없을 것이다. 저 한가지로 이러한 마음을 가지고서 흥기하는 자가 또한 어찌 한 지아비가 얻지 못하는 것이 있겠는가? 잡은 것이 간략하되 미치는 바가 넓으니, 이것이 천하를 평정하는 긴요한 道이다. 그러므로 문장(傳文10章) 안의 뜻이 모두 이것(絜矩)으로부터 추측한 것이다.

1003
詩云 樂只君子여 **民之父母ㅣ라하니 民之所好**를 **好之**하며 **民之所惡(오)**를 **惡(오)之ㅣ 此之謂民之父母ㅣ**니라

『시경』에 이르기를 '즐거우신 군자여, 백성의 부모이다' 하였으니, 〈이렇게 말하는 까닭은〉 백성이 좋아하는 바를 좋게 여기며, 백성이 〈싫어하고〉 미워하는 바를 미워하고 〈싫게〉 여기는 것, 이러한 것을 일러 만 백성의 부모라고 하는 것이다.

豈:어찌 기 哉:어조사 재 操:잡을 조 只:어조사 지

總說

윗문장은 『詩經』「小雅」南山有臺篇에 나오는 한 구절로서 어진 사람을 얻는 즐거움을 노래했다.

各說

- 樂只君子여 民之父母ㅣ라하니 : "이 세상에서 明明德과 止於至善으로 즐거움을 가진 군자여, 만 백성의 부모와 같구나"라는 뜻이다.
- 民之所好~ 民之所惡~ : '所好'와 '所惡'는 백성의 여론이라고 할 수 있다. 오늘날 민주주의가 내세우는 국민 여론과 조금도 다를 바가 없다. 이와 같이 동양의 경전에 이미 훌륭한 여론 정치로서 민주주의의 정신이 이상적인 것으로 존재하였는데도 불구하고 서구에서 개발된 민주주의를 수입해 왔으니, 이는 동양 경전의 정신에 충실한 제도를 실현시키지 못한 데서 기인된 것이 아니겠는가 한다.
- 民之所好를 好之하며 民之所惡를 惡之ㅣ : 민의에 따라 정치함을 말한다.

윗문장을 좀더 구체적으로 풀이하면 다음과 같다. 백성의 지도자는 혈구지도를 지님으로써 자신의 好惡를 가지고 능히 백성의 好惡를 알고, 나아가 백성의 好惡로써 자신의 好惡를 삼을 수 있어야 한다. 그리하여 진실로 백성의 所好를 함께 좋아하여 힘껏 베풀어 줄 것이며, 所惡를 함께 싫어하여 애써 베풀지 말아야 한다. 이는 마치 부모가 그 자식들을 사랑함과 같다. 이렇게 하는데 백성이 어찌 그 지도자들을 부모처럼 알지 않겠는가?

朱子註

詩는 小雅南山有臺之篇이라 只는 語助辭ㅣ라 言能絜矩而以民心으로 爲

己心則是는 愛民如子而民이 愛之如父母矣ㅣ라

詩는「小雅」南山有臺篇이다. 只는 어조사이다. 능히 絜矩하여 백성의 마음으로써 자기의 마음을 삼으며, 곧 이것은 백성을 사랑하기를 아들 사랑하듯 하며, 백성이 사랑하기를 부모와 같이 할 것이라는 말이다.

- 言: "言能絜矩而以民心으로 爲己心則是는 愛民如子而民이 愛之如父母矣ㅣ라"에서 '言'은 제일 마지막에 해석한다.

1004
詩云 節彼南山이여 維石巖巖이로다 赫赫師尹이여 民具爾瞻이라 하니 有國者ㅣ 不可以不愼이니 辟(벽)則爲天下僇矣ㅣ니라

『시경』에 이르기를 '깎아지른 듯이 높은 저 남산이여! 바윗돌이 첩첩이 쌓여 있구나! 크고 빛나는 太師인 尹氏여! 백성들이 모두 그대를 바라본다'고 하였으니, 나라를 소유한 자는 삼가지 아니할 수 없다. 편벽되면 천하의 죽임을 당하게 될 것이다.

- 節: 높고 험한 모양. 깎아지른 듯이 높고 큰 모양.
- 維: 發語詞이다. 句文의 머리에 놓여져 문장을 수식한다. 해설은 하지 아니한다.
- 巖巖: 돌을 층계층계 쌓아 올린 모양.
- 赫赫: 빛나는 모양. 크게 나타나는 모양. 세력이 대단한 모양.
- 師: 師는 太師를 가리킨다. 太師는 정승의 지위다.
- 具: 俱와 의미가 같다.
- 爾瞻: 너를 본다는 뜻이다.
- 辟: 偏僻과 偏私의 뜻이다.

雅:메까마귀 아 臺:돈대 대 篇:책 편 助:도울 조 辭:말 사 己:자기 기 愛:사랑 애 節:마디 절
維:이을 유 巖:가파를, 바위 암 赫:성할, 빛날 혁 師:스승 사 尹:다스릴 윤 具:갖출 구 爾:너
이 瞻:볼 첨 愼:삼갈 신 辟:편벽될 벽 僇:죽일 륙

總說

윗문장은 『詩經』「小雅」節南山篇으로써 이 편은 왕이 태사 윤씨를 등용해서 국가의 위란을 초래한 데에 대하여 비방한 것이다.

各說

- 節彼南山이여 維石巖巖이로다: 끊긴 듯한 우뚝 솟은 저 남산이여, 돌이 층계층계 쌓여 있구나! 바윗돌이 울멍줄멍 쌓여 있구나!
- 有國者 l : 나라의 권력을 한 손에 쥐고 있는 자. 국정을 맡은 사람.

윗문장을 좀더 구체적으로 해설하여 보면 다음과 같다.

남산 같이 혁혁한 위세를 보이고 있는 태사 윤씨여, 백성은 모두가 당신에게 주목을 하고 있답니다. 즉, 나라를 맡은 사람, 임금이나 정승들은 근신해야 한다고 하였다. 곧 백성과 함께 혈구할 줄 모르고, 천하 백성과 好惡를 같이 할 줄 모르고, 편파된 일과 개인의 好惡에 사로잡힌다면, 자신은 살해를 당하고 나라는 망하여 殷나라 紂王이나 夏나라 桀王과 같은 사람이 된다는 것이다.

참고로 윗문장과 관련될 수 있는 문장을 『서경』에서 인용하여 보자.

예) 曰 王省은 惟歲오 卿士는 惟月이오 師尹은 惟日이니라 (「周書·洪範」八庶徵)
이르되 "임금은 해를 살피어야 되고, 귀족과 관리들은 달을, 낮은 관리들은 날을 살펴야 합니다"고 하였다.

  · 惟: 是.

[설명] 곧 임금은 백관을 통솔하고 백성을 교도함으로써 歲에 해당되고 卿士는 歲中에 속하는 月에 해당한다. 師尹은 卿士 곧 月中에 속함으로써 日에 해당한다. 왕의 통솔로 백관이 직분을 다하면 그것이 자연의 변화에 나타나 만사가 순조롭게 되며, 왕을 비롯한 백관이 직무를 다하지 못하면 그 징조로 一年中의 일이 모두 어긋난다는 것이다.

朱子註

詩는 小雅節南山之篇이라 節은 截然高大貌ㅣ라 師尹은 周太史尹氏也ㅣ라 具는 俱也ㅣ오 辟은 偏也ㅣ라 言在上者ㅣ 人所瞻仰이니 不可不謹이라 若不能絜矩而好惡를 徇於一己之偏則身弑國亡하야 爲天下之大戮矣ㅣ라

　　詩는 「小雅」節南山篇이다. 節은 끊은 듯이 높고 큰 모양이다. 師尹은 周나라 太史인 尹氏이다. 具는 모두(俱)이다. 辟은 편벽된 것이다. 윗자리에 있는 자(임금이나 정승의 位에 있는 자)는 사람들(백성)이 우러러보는 바이니, 삼가지 않을 수 없다. 만약에 絜矩에 능하지 아니하여 좋아하고 미워함을 한 몸에 편벽된 것에 좇게 되면(따른다면), 몸이 죽게 되고 나라가 망하여 천하의 큰 죽임을 당하게 됨을 말씀하신 것이다.

・截然: 베어 자른 모양. 사물의 구별이 칼로 자른 듯 확연한 모양.

●一己之偏 ~ : 한 사사로움에 치우친다는 뜻이다.
[설명] 특히 군주나 정승의 지위에 있는 자는 혈구지도를 가져서 만 백성에게 백성이 바라는 바의 군왕, 지도자가 되어야 한다는 것이다.

1005

詩云 殷之未喪師엔 克配上帝러니 儀監于殷이어다 峻命不易(이)라하니 道得衆則得國하고 失衆則失國이니라

　　『시경』에 이르기를 '殷나라가 大衆(백성)을 잃지 않았을 적에는 능히 上帝에게 짝이 되더니, 은나라를 마땅히 볼지어다. 大命(天命)을 보존해 감이 쉽

截:끊을 절 然:그러할 연 貌:모양 모 師:스승 사 具:다 구 俱:함께 구 偏:치우칠 편 瞻:볼 첨 仰:우러를 앙 謹:삼갈 근 徇:주창할 순 弑:죽일 시 戮:죽일 륙 殷:은나라 은 克:능할 극 配:짝 배 儀:본보기 의 監:볼 감 峻:높을 준 易:쉬울 이 得:얻을 득 失:잃을 실 衆:무리 중

지 아니하다'고 하였으니, 대중(백성의 마음, 민심)을 얻으면 나라를 얻게 되고, 대중을 잃게 되면 나라를 잃게 됨을 말씀한 것이다.

・克: 能.　　・儀: 宜.　　・道: 言.　　・師: 衆.

總說

윗문장은 『詩經』「大雅」文王篇에 있는 한 구절이다. 문왕이 덕을 닦아 마침내는 天命을 받기에 이른 유래를 노래했다. 天命이란 덕을 잃으면 떠나 버리게 마련이므로 길이 天命을 잃지 않도록 자손에게 타이른 글이다.

各說

- 克配上帝러니: 天帝의 뜻을 훌륭히 받들었다는 것이다. 하늘이 은나라에 天命을 주어서 통치하게 하였다.
- 儀監于殷이어다: 은나라의 흥망을 거울로 삼을 지어다.

본장 앞에서도 『詩經』「大雅」文王篇에서 인용한 글이 있다. 다시 상기하여 인용해 보면 다음과 같다.

　예1) 詩曰 周雖舊邦이나 其命維新이라하니 (0203)

　　『시경』에 이르기를 '周나라가 비록 옛 나라이나, 그 〈天〉命은 새롭다' 하였으니,

　2) 詩云 穆穆文王이여 於(오)緝熙敬止라하니 (0303)

　　『시경』〈大雅 文王篇〉에 이르기를 "거룩하고 거룩한 문왕이여! 아! 끊임없이 계속하여 빛내시어 공경하여 그치셨다" 하였으니,

또 참고적으로 윗문장에 있는 詩의 原文을 『시경』에서 인용하여 보자.

緝:이을 집 熙:빛날 희

예) 殷之未喪師엔 克配上帝러니 宜鑑于殷이어다 駿命不易(이)라하니
- 宜: 儀.
- 駿: 峻. 大.

윗문장에서 "道得衆則得國하고 失衆則失國이니라"고 하였는데 天命은 民心의 동향을 뜻한다. 은나라의 전성기에는 天命이 은나라에 내려서 흥왕하였으나 紂王의 학정으로 天命을 잃게 되어 나라까지 망하게 된 것이다. 天命은 한 곳에 있지 아니하고 통치자의 잘못으로 天命이 옮겨가게끔 되었다. 이것은 곧 마음의 작용이 잘못되었음이리라. 이는 오직 明明德이 되지 않았던 사람이 백성을 다스렸기 때문이리라. 明明德을 잘하는 사람은 天命을 받을 수 있고, 이것을 못하는 사람은 天命을 받지 못하게 된다.

天心-民心: 得이면 - 나라를 얻게 되고,
　　　　　　不得이면 - 나라도 잃게 되고 자신도 죽게 된다.
　　　　　　(마음의 작용 여하에 달려 있다)
明明德: 생명도 길 것이며 - 잘 살고 福을 받을 것이다 - 천하화평.
不明明德: 생명도 짧고 - 잘 살 수도 없고 禍를 받을 것이다 - 왕위도 뺏어 간다.

朱子註

詩는 文王篇이라 師는 衆也ㅣ라 配는 對也ㅣ니 配上帝는 言其爲天下君而對乎上帝也ㅣ라 監은 視也ㅣ오 峻은 大也ㅣ라 不易(이)는 言難保也ㅣ라 道는 言也ㅣ라 引詩而言此하야 以結上文兩節之意라 有天下者ㅣ 能存此心而不失則所以絜矩而與民同欲者ㅣ를 自不能已矣ㅣ라

對:대할 대 監:볼 감 視:볼 시 難:어려울 난 保:지킬 보 引:끌 인 存:있을 존 與:줄 여 自:스스로 자 已:그칠 이

詩는 文王篇이다. 師는 무리이다. 配는 對한다는 것이다. 上帝에게 짝한다는 것(配上帝)은 그 천하의 임금이 되어서 〈하늘의〉 상제에게 대한다는 말이다. 監은 보는 것이요, 峻은 큰 것이다. 不易는 보전하기가 어렵다는 말이다. 道는 말하는 것이다. 『시경』을 인용하고 이와 같이 말하여 윗글 두 절[1]의 뜻을 맺은 것이다. 천하를 얻은 자가 능히 이 마음을 두어서 잃지 아니하면, 絜矩하여 백성과 더불어 욕망을 함께 하는 바를 스스로 능히 그만두지 못할 것이다.

· 已矣: 그만 두다.

● 配上帝는 言其爲天下君而對乎上帝也ㅣ라: 하늘에는 옥황상제가 있고 땅에는 임금이 있다는 것이다.

1006
是故로 君子는 先愼乎德이니 有德이면 此有人이오 有人이면 此有土ㅣ오 有土면 此有財ㅣ오 有財면 此有用이니라

이러므로 군자는 먼저 〈밝은〉 덕을 〈밝히는데〉 삼가야 할 것이니, 덕이 있으면 이에 사람들이 있고, 사람들이 있으면 이에 땅이 있고, 땅이 있으면 이에 재물이 있게 되고, 재물이 있으면 이에 씀(用)이 있는 것이다.

· 君子: 여기서의 군자는 다스리는 지위에 있는 자를 말한다.
· 此: 곧. 접속사로 해석한다.

各說

● 先愼乎德이니: 經文1章의 '古之欲明明德於天下者'(明德을 천하에 밝히고

---
1) 樂只君子여 民之父母ㅣ라하니(1003)와 節彼南山이여 維石巖巖이로다 赫赫師尹이여 民具爾瞻이라하니(1004)

자 하는 자)의 뜻이 곧 '先愼乎德'의 뜻과 같다.
- 有德이면 此有人이오: 밝은 덕이 있으면 이에 백성들이 따르게 된다는 것이다. 즉, 德이 있으면 대중(백성)을 얻는다는 뜻인데 백성의 마음(民心)을 얻게 된다는 것이다.
- 有人이면 此有土ㅣ오: 백성이 따르면 자연히 국토가 있게 된다는 것이다.
- 有土면 此有財ㅣ오: 땅이 있으면 곧 재물은 在其中에 있다는 것. 또한 토지 자체가 곧 재물이 된다.
- 有財면 此有用이니라: 재물이 있으면 이에 재물을 유용하게 사용할 수 있게 된다는 것이다.

위에서 말한 구절들이 모두 明德을 밝히는 데 그 초점이 있다. 이 덕이 있으면 곧 '德不孤必有隣'이라. 백성들의 마음은 덕이 있는 자에게 모여들게 되며(人心, 民心을 얻게 되며) 따라서 나라(국토)를 얻고 이에 상응하여 재물이 따르게 된다. 그러므로 가장 중요한 것이 明德이라고 할 수 있겠다. 앞 절에서 백성의 마음을 얻으면 나라를 얻게 되고, 얻지 못하면 나라를 잃게 된다고 하였다. 그러므로 나라를 얻으려면 자기 자신의 덕부터 닦음으로써 가능하다고 하였다.

朱子註

先謹乎德은 承上文不可不謹而言이라 德은 即所謂明德이라 有人은 謂得衆이오 有土는 謂得國이라 有國則不患無財用矣ㅣ라

먼저 덕을 삼간다는 것은 윗글의 不可以不愼(不可不謹)을 이어서 말한 것이다. 德(先愼乎德)은 곧 明德을 이르는 바이다. 有人은 무리(백성)를 얻는 것을 이름이요, 有土는 나라를 얻는다는 것이므로 나라가 있으면 곧 재물을 사용할 수 있는 곳이 없을까봐 근심하지 않을 것이다.

隣:이웃 린 患:근심 환

・謹: 원문에는 '愼'으로 기록되어 있으나 주자가 당시의 임금인 효종의 諱를 피해서 뜻이 비슷한 '謹'으로 바꿔 썼다.

[설명] 德－明德, 人－百姓(大衆), 土－國土, 財－財物, 用－效用.

1007
德者는 本也ㅣ오 財者는 末也ㅣ니

덕이라는 것은 근본이요, 재물이라는 것은 끝이니.

各說

어디까지나 덕을 먼저 행해야만이 되는 것이지, 재물을 우선으로 삼고 덕을 뒤로 하면, 사회의 비난을 받게 될 뿐 아니라 이익만을 추구하게 되어 인정이 메마르고 이 사회가 삭막하게 된다.

$$德－心－主$$
$$財－物－客$$

朱子註

本上文而言이라

윗글에 근본하여 말한 바이다.

愼:삼갈 신

1008
外本內末이면 爭民施奪이니라

　근본을 밖으로 하고 끝을 안으로 하면, 백성을 서로 다투게 하여 攘奪의 惡風을 퍼뜨리게 된다.

各說

　德은 근본적인 것이요, 財는 말단적인 것이다. 근본적인 것을 경시하고 말단적인 것을 중시하면, 백성을 서로 다투게 만들고 攘奪의 惡風을 퍼뜨리게 된다. 또한 재를 덕과 비교할 때 덕보다는 그 비중이 가벼웁다는 말이다. 만약 本·末을 도치하여 덕을 경시하거나 소외시키고 재를 중시한다면, 백성들로 하여금 이로써 서로 다투게 만들고 相攘相奪의 악풍을 퍼뜨리게 된다는 것이다. 이는 經文1章의 "物有本末하고 事有終始하니 知所先後면 則近道矣ㅣ리라"[2](0003)는 말을 풀이한 것이 아닐까. 이런 연유로 마음 속에서 明明德을 하여 욕심을 없애야 한다고 『대학』은 말하고 있다. 이와 반대로 재물에만 욕심을 두고, 또 내 좋은 것만을 하려고 하면, 서로 헐뜯고 싸우는 결과만을 초래하게 될 것이다. 이러한 것을 爲政者는 잘 알아서 정치에 반영해야 할 것이다.

　爲政者들이 外本內末이 되면 백성에 대한 苛斂誅求(→物欲主義)를 일삼게 되고 나아가서는 물욕주의가 백성에게 나쁜 영향을 주어 백성으로 하여금 재물을 둘러싸고 서로 다투고 헐뜯게 만드는 것이다.

　　　　　　　　　　・外 - 輕視, 疏遠　　・本 - 德
　　　　　　　　　　・內 - 重視, 親近　　・末 - 財物

---

2) 物에는 근본적인 것과 말단적인 것이 있고 事에는 마침과 비롯함이 있으니, 먼저 하고 나중에 할 바를 알면 곧 道에 가까울 것이다.
爭:다툴 쟁 施:베풀 시 奪:빼앗을 탈 攘:빼앗을 양 苛:독할 가 斂:거둘 렴 誅:벨 주

經文1章의 '物有本末'을 분석하면,

明德이 爲本이오 — 心(形而上學)
新民이 爲末이며 — 物(形而下學)

| 朱子註 |

人君이 以德爲外하고 以財爲內則是는 爭鬪其民而施之以劫奪之敎也 l 라
蓋財者는 人之所同欲이나 不能絜矩而欲專之則民亦起而爭奪矣 l 라

人君이 덕으로써 밖을 삼고 재물로써 안을 삼으면, 곧 이것은 그 백성을 싸우게 하여 위협하고 탈취하는 가르침을 베푸는 것이다. 대개 재물은 사람이 한가지로 욕심을 내는 것이나, 능히 絜矩하지 못하고 그것을 專一하게 한다면 백성이 역시 일어나 다투어 빼앗을 것이다.

· 劫奪: 위협하여 탈취함.

- 人君이 以德爲外하고: 사람의 임금이 明明德을 경시하고.
- 〈人君이〉以財爲內〈하면〉: 사람의 임금이 財物을 중시하면.

1009
是故로 財聚則民散하고 財散則民聚 l 니라

이러므로 재물이 모여지면 백성이 흩어지고, 재물이 흩어지면 백성은 모이게 되는 것이다.

鬪:싸움 투 施:베풀 시 盖:대개 개 聚:모일 취 散:흩어질 산

各說

- 財聚則民散하고: 혈구지도로써 정치를 하지 못하고—本來를 알아서 행하지 못하고—德을 本으로 하는 德治를 하지 아니하니 그 결과로써 民心이 散心이 된다는 것이다.
- 財散則民聚ㅣ니라: 윗어구와 반대로 모든 것을 民本主義의 원칙 아래 仁政과 德治로 행하는 것을 말한다. 그 결과로써 民心은 모이게 되고 그 임금은 聖君이 된다.

백성들에게서 재물을 취해옴에 혈구지도로써 절제를 두지 아니하기 때문에 府庫에 재물이 모이고 쌓인다. 그러나 이에 反하여 民心은 점점 흩어지게 된다. 이와 반대로 혈구지도를 실현하여 정당하게 취할 것만 취해 오면 비록 府庫의 재물은 充溢하지 않을지라도 民心은 모여든다. 여기서 "재물이 흩어지면"(財散)이라는 것은 반드시 부고의 재물을 백성에게 나누어 주는 것을 의미하는 것은 아니다.

朱子註

外本內末故로 財聚하고 爭民施奪故로 民散이라 反是則有德而有人矣ㅣ라

근본을 밖으로 하고 끝을 안으로 하기 때문에 재물이 모여지고, 백성을 다투게 하여 빼앗음을 베풀기 때문에 백성이 흩어지는 것이다. 이것에 반대가 되면 곧 덕이 있고 사람이 있는 것이다.

[설명] 外本內末 → 財聚 → 爭民施奪 → 民散, 이와 반대로 有德 → 有人이라, 有土 — 有財는 자연히 따라 오게 된다.

溢:넘칠 일

1010
是故로 言悖而出者는 亦悖而入하고 貨悖而入者는 亦悖而出이니라

이러므로 말이 〈도리에〉 어그러져서 나간다면 또한 〈도리에〉 어그러져서 들어오고, 재물이 〈도리에〉 어그러져서 들어온 것은 또한 〈도리에〉 어그러져서 나가는 것이다.

・悖: 非理非道를 뜻한다.

總說

윗문장은 말이 입에서 나가고 귀로 들어오는 것. 즉, 이것으로 재화의 출입을 비유해서 말하였다.

各說

- 言悖而出者는: 도리에 맞지 않게 나간다. 남에게 말을 할 때 잘못 나갈 때는.
- 亦悖而入하고: 딴 사람도 나에게 말이 잘못 들어 온다.

우리 속담에 '가는 말이 고와야 오는 말도 곱다'는 말이 있듯이 내가 남에게 겸손하게 하면 남도 나에게 겸손하게 대하여 주고, 그 외의 사람들도 훌륭한 인격자라고 말하여 준다. 就財를 하는 데 있어서 貨悖而入은 民心이 흩어지게 될 수밖에 없는 苛斂誅求로 들어온 재물이다. 民心이 흩어진다는 것은 국가가 危亂의 지경에 가까워짐을 의미한다. 危亂이 극에 달하면 파멸이 오고 파멸이 오는 판국에 逆理로 들어온 재물이 順理로 나갈 리가 없다.

悖:어그러질 패 貨:재화 화

古今을 막론하고 백성에게 과중하게 賦稅하고 또 조세의 수입이 정당하게 쓰이지 아니하면, 이는 國亡을 재촉하는 가장 큰 患憂이다. 우리 나라 정치사 중 조선시대 말기 세도 정치하에서 三政[3]이 극도로 문란해 각지에서 民搖가 있었던 것을 생각해 보면 윗문장의 요지가 쉽게 납득이 갈 것이다.

다시 말해서 임금에게 逆命이 있으면 곧 백성에게 逆辭가 있고, 위에서 利를 탐내면 아래 백성이 이에 侵叛한다. 따라서 임금이 도리에 어긋나는 政令을 내리면 백성 쪽에서도 임금에게 거역하는 말을 토해 임금을 거절한다.

朱子註

悖는 逆也ㅣ라 此는 以言之出入으로 明貨之出入也ㅣ라 自先謹乎德以下로 至此에 又因財貨하야 以明能絜矩與不能者之得失也ㅣ라

悖는 어그러진 것이다. 이것은 말의 출입으로써 재물의 출입을 밝힌 것이다. 先謹乎德(先愼乎德) 이하로부터 여기까지는 또 재화로 인하여 능히 絜矩로써 할 수 있는 자와 없는 자의 得失을 밝힌 것이다.

- 以言之出入으로: 입으로 말하고 귀로는 듣는 것으로써.
- 先謹乎德: 먼저 밝은 덕을 밝히는 데 삼가고 조심해야 한다는 뜻이다. 본문 1006의 "先愼乎德"과 같은 말이다. 원문에는 '愼'으로 기록되어 있으나 주자가 당시의 임금인 孝宗의 諱를 피해서 뜻이 비슷한 '謹'으로 바꿔 썼다.

1011
康誥에 曰 惟命은 不于常이라하니 道善則得之하고 不善則失之

---

[3] 三政은 田政, 軍政, 還穀이다. 田政에는 田稅, 三手米, 大同米(貢物을 쌀로 내는 것) 및 각종 부과세 등이 있다. 軍政에는 軍布가 있다.

逆:거스를 역 侵:침노할 침 叛:배반할 반 令:영 령 康:편안할 강 誥:고할 고 常:항상 상

矣니라

〈『書經』의〉康誥篇에 이르기를 '오직 天命(大自然)은 항상함이 없다'고 하였으니, 善하면 〈天命을〉 얻고, 善하지 못하면 〈天命을〉 잃게 됨을 말한 것이다.

・道: 言.

總說

윗문장은 周公이 成王을 대신하여 康叔에게 敎示한 내용이다.

各說

● 不于常이라하니: 一定不變한 것이 아니다.

『대학』에는 『書經』의 康誥篇이 여러 번 인용 되었는데 다시 재확인하여 보자.
  예1) 康誥에 曰 克明德이라하며 (傳1章)
     「康誥」에 이르기를 "능히 훌륭히 덕을 밝힌다"고 했으며,
  2) 康誥에 曰 作新民이라하며 (傳2章)
     「康誥」에 이르기를 "새로운 백성을 진작시켜라!" 하였으며,
  3) 康誥에 曰 如保赤子ㅣ라하니 (傳9章)
     「康誥」에 이르기를 "갓난아기 돌보듯 하라" 하였으니,
  4) 康誥에 曰 惟命은 不于常이라하니 (傳10章)
     「康誥」에 이르기를 "오직 天命(大自然)은 항상함이 없다"고 하였으니,

윗문장에 인용된 康誥篇을 『서경』의 원문에서 인용하여 공부하여 보도록 해 보자.

예)王曰 嗚呼ㅣ라 肆汝小子封아 惟命은 不于常이니 汝念哉하야 無我殄享하야 明乃服命하며 高乃聽하야 用康乂民하라

成王이 말씀하기를 "아! 그리고(肆) 너 小子 封아 오직 天命(대자연)은 항상함이 없다고 하니, 네가 잘 생각하여서 내(天子)가〈나라의〉향유함을 끊어지게 해서는 아니된다. 네가 행해야 할 命을 밝히며, 너의 들음을 높임으로써 백성을 편안하게 다스려라" 하셨다.

- 王: 成王을 뜻하나 周公이 섭정을 하였으니 기실 周公의 말이다.
- 嗚呼: 여기서는 그냥 '아!'의 뜻이다.
- 封: 康叔의 이름이다.
- 乃: 너. 汝.

[설명] 위의 예문이 들어 있는 康誥篇은 은나라가 망한 후 그 곳에 康叔을 보내어 '衛'라 하고 그를 제후로 봉하고 이 때 明政과 德治를 하도록 成王을 대신하여 周公이 그에게 당부하는 교훈이다. 곧 하늘은 항상 한 사람에게만 복을 주지는 아니한다. 너는 제후로서 明政을 해야 하고, 善政을 해야 제후의 지위가 계속되는 것이지 그렇지 못하면 天命은 그 位를 빼앗을 것이다.

그러므로 제후는 천자를 도와서 제후로서 직분을 다하고 백성의 高見을 들어서 선정을 베풀도록 하라. 그러자면 너 혼자 생각으로는 부족하기에 많은 우수한 사람들의 의견을 듣고서 백성을 평안히 다스리라는 것이다. 즉, 천자를 돕기 위해 제후가 존재하는 것이니 제후는 천자의 국토 보호에 방해가 되어서는 안 된다는 것이다.

朱子註

道는 言也ㅣ라 因上文引文王詩之意而申言之하니 其丁寧反覆之意ㅣ 益深切矣ㅣ라

肆:그리고 사 殄: 다할 진 乂:다스릴 예 覆:되풀이 할 복 深:깊을 심 切:절실할 절

道는 말한다는 것이다. 윗글의「文王詩」를 인용한 뜻에 인하여 거듭 말하였으니, 그 丁寧하고 反覆하라는 뜻이 더욱 깊고 간절하다.
　・丁寧: 알뜰하고 친절한 것.
　・反覆: 여러 번 음미하는 것.

[설명] 文王詩之意 → 上文의 내용이다. 즉 '詩云 殷之未喪師엔 克配上帝러니 儀監于殷이어다 峻命不易(이)라하니'(1005)와 '惟命은 不于常이라하니'(1011)는 글의 내용이 같다는 것이다.

1012
楚書에 曰 楚國은 無以爲寶ㅣ오 惟善을 以爲寶ㅣ라하니라

『楚書』에 이르기를 '楚나라는 보배로 삼을 것이 없고, 오직 착한 사람(善人)을 보배로 삼는다'고 하였다.

總說

윗문장은 康誥篇의 내용과 같다. 본문 앞절의 '善則得之하고 不善則失之矣니라'의 뜻과 같다. 그러므로 明明德하여 止於至善함이 가장 으뜸이라는 뜻이다.

各說

윗문장이 나오게 된 역사적 유래를 살펴보면, 秦나라가 楚나라를 정벌할 심산으로 使者를 보내어서 楚나라의 寶器를 살펴오게 하였다. 楚나라에서는 금과 옥이 많이 있으나 이것을 보배로 삼지 아니하고 賢人과 賢臣을 보배로 삼는다고 하였다. 이에 使者가 秦나라로 돌아가서 楚나라에는 賢臣이 많아 정벌하지 못하겠더이다라고 했다. 이것은 재물보다는 어진 사람(덕을 가진 사람)의 德을 더욱 중시한 사실을 말한 것이다.

다시 말해 楚나라에는 금과 옥의 보배가 많이 있음에도 불구하고 보배될 만한 것이 없고, 오직 각자가 마음 속에 보유하고 있는 明德과 至善을 보배로 삼는다는 것이다. 금을 주고 옥을 주더라도 至善과 明德을 살 수 없으니, 사람들은 자기 마음 속에 모든 것을 포괄하고 있는 이것을 발휘할 줄 모르고 현실적으로 눈에 보이는 금과 옥에만 매달려 싸우고 있다는 것이다. 그러나 道學 공부에 힘쓰는 여러분 易學徒(易農生)들이야말로, 明德과 至善을 잠시라도 떠나지 아니하려고 애쓰는 사람들임에는 틀림이 없다고 하겠다.

朱子註

楚書는 楚語ㅣ라 言不寶金玉而寶善人也ㅣ라

『楚書』는 초나라 말이다. 금과 옥이 보배가 아니고 착한 사람(善人)을 보배로 삼는다고 말한 것이다.

[설명] 근본이라고 하는 덕을 앞세우며 보배로 삼아야지 말단적인 재물을 본으로 삼는다면 세인의 손가락질을 받게 될 것이다.

1013
舅犯이 曰 亡人은 無以爲寶ㅣ오 仁親을 以爲寶ㅣ라하니라

외삼촌인 犯[5]이 말하기를(舅犯이란 사람이 말하기를) '망명 중에 있는 사

---
5) 중국 춘추시대 때 晉나라 사람이다. 이름은 狐偃, 字는 子犯, 晉 文公인 重耳의 外叔이기에 '舅'字를 犯字 앞에 썼다.
舅:외삼촌 구 犯:범할 범

람은 보배로 삼을 만한 것이 없고, 어버이 사랑함을 보배로 삼는다'고 하였다.

總說

윗문장은 舅犯이 晉나라 文公[6]에게 한 말로써 근본을 중시하라는 것이다.

各說

『禮記』檀弓篇의 기록을 살펴보면, 晉文公이 公子로 있을 때에 獻公妃 驪姬의 참소를 피하여 외국(狄)으로 망명을 했었는데, 망명중에 본국의 獻公이 죽었다. 秦穆公이 사람을 보내어 公子 重耳를 弔問하고 獻公의 뒤를 계승하도록 하라고 하자, 이 말을 외숙인 犯에게 아뢰니 犯이 위의 문장에 있는 말을 했다. 즉, 외숙 犯은 본국에서 도망쳐 나온 公子 重耳(晉文公)에게 이르되 '네가 본국으로 돌아가서 나라의 얻음을 보배로 삼지 아니하고 오직 어버이 喪事에 애통함을 보배로 삼으라'고 한 말에서 인용된 것이 아니겠는가 한다.

父喪을 당하여 愛親之道를 다하는 덕이 우선 중요하다는 것이다. 역시 덕이 근본임을 강조한 문장이다. 위의 뜻을 좀더 명료하게 표로써 나타내면 다음과 같다.

善(明德至善) - 爲寶 - 本(根本) → 금과 옥(재화)은 末로 삼는다
仁親(孝道) - 爲寶 - 本(根本) → 나라를 얻는 일

위와 같은 것을 絜矩之道라고 할 수 있다. 곧 明德한 君子가 근본으로 삼을 至重之寶라고 할 수 있는 것이다.

---

[6] 晉나라 獻公의 둘째 아들이다. 이름은 重耳. 公子로 있을 때에 獻公妃 驪姬의 참소를 피하여 외국(狄)으로 망명을 했다.

朱子註

舅犯은 晉文公舅狐偃이니 字는 子犯이라 亡人은 文公이니 時爲公子하야 出亡在外也ㅣ라 仁은 愛也ㅣ라 事見(현)檀弓이라 此兩節은 又明不外本而內末之意ㅣ라

舅犯은 晋나라 文公의 외삼촌인 狐偃이니, 字는 子犯이다. 亡人은 〈바로〉 文公을 두고 한 말이니, 그 당시 公子가 되어서 나가 망명하여 밖에 있었다. 仁은 사랑하는 것이다. 이 일은 〈『禮記』〉 檀弓篇에 나타나 있다. 이 두 절은 또 근본을 밖으로(경시) 하고, 끝을 안으로(중시) 하지 아니하는 뜻을 밝힌 것이다.

● 此兩節은: "楚書에 曰 楚國은 無以爲寶ㅣ오 惟善을 以爲寶ㅣ라하니라"(1012) 와 "舅犯이 曰 亡人은 無以爲寶ㅣ오 仁親을 以爲寶ㅣ라하니라"(1013)

1014

秦誓에 曰 若有一介臣이 斷斷兮오 無他技나 其心이 休休焉혼지 其如有容焉이라 人之有技를 若己有之하며 人之彦聖을 其心好之ㅣ 不啻若自其口出이면 寔能容之라 以能保我子孫黎民이니 尙亦有利哉ㅣㄴ져 人之有技를 媢疾以惡(오)之하며 人之彦聖을 而違之하야 俾不通이면 寔不能容이라 以不能保我子孫黎民이니 亦曰 殆哉ㅣㄴ져

偃:쓰러질 언 亡:달아날 망 誓:맹세할 서 斷:한결같을 단 休:좋을 휴 如:같을 여 容:용납할 용 彦:선비 언 啻:뿐 시 寔:이 식 孫:손자 손 黎:무리 려 哉:어조사 재 媢:꺼릴 모 疾:미워할 질 惡:미워할 오 違:어길 위 俾:하여금 비 殆:위태로울 태

〈『書經』「周書」〉秦誓에 이르기를 '만약 어떤 한 신하가 있어서 정성스럽고 한결같으면서,[7] 다른 재주는 없으나 그 마음이 아름답고 아름다워서 남을 용납, 포용할 도량이 있는지라,[8] 남이 가지고 있는 재능을 마치 제 자신이 가진 것과 같이 여기며, 다른 사람의 뛰어나고 어짊을 그 마음으로 좋다 함이 스스로 그 입으로부터 그 사람이 좋다고 말한 것보다 더 낫게 여긴다면, 실로 남을 용납할 수가 있는 것이어서 이로써 우리 자손과 백성(黎民)을 보전할 것이니, 거의 또한 나라를 이롭게 할 수 있겠구나. 남이 가지고 있는 재능을 시기하고 미워하며, 남이 아름다운 선비로 통하여 유명한 것을 어겨서(違) 하여금 통하지 못하게 하면, 진실로(寔) 남을 포용(용납)할 수 없는 것이어서 이로써 우리 자손과 백성을 보전하지 못할 것이며, 또한 〈나라가〉 위태할 것이다!' 하였다.

- 斷斷: 꿋꿋하고 성실한 모양.
- 休休: 너그러운 모양. 착한 모양.
- 彦聖: 뛰어난 성인.
- 尙: 庶幾. '거의'의 뜻이다.

總說

　윗문장은 『書經』「周書」秦誓篇의 한 구절로써 明德이 된 사람과 서로 상통하여 수작하는 내용과, 明德이 된 사람과 明德이 되지 아니한 사람과의 수작 즉, 用心之道를 말한 것이다. 이러한 明德之心이 나라의 정치에 어떻게 작용할 것인가와 또 秦나라 穆王(公)이 신하와 백성에게 明德으로써 최선을 다하는 정치를 하겠다는 맹서가 담겨져 있는 글이다.

---

7) 明德을 밝힌 사람의 모양.
8) 賢者를 받아 드릴 만큼의 도량을 말한다.

各說

- 人之彦聖을 其心好之ㅣ: 아름다운 선비로 통하여 유명하면, 자기 마음에 좋게 여겨서.
- 俾不通이면 寔不能容이라: 시기하고 나쁜 생각으로써 윗사람이나 훌륭한 사람과 통하지 못하게 하면, 진실로 남을 등용할 수 없는 것이라서.

윗문장은 왕위에 있는 사람이면 明明德을 하여 선정을 베풀어야 한다는 것이며, 治國平天下를 하려고 하는 자는 秦誓에서 말하는 그런 心法을 가진 자는 등용하지 말아야 할 것을 말해 주고 있다.

秦誓篇의 글이 여기 『대학』의 문장과 『서경』의 문장에서 서로 글자가 조금 틀린다. 그래서 『서경』의 원문을 소개코자 하니 참고 바란다.

예) 如有一介臣이 斷斷猗오 無他技나 其心이 休休焉혼지 其如有容이라 人之有技를 若己有之하며 人之彦聖을 其心好之ㅣ 不啻如自其口出이면 是能容之라 以保我子孫黎民이니 亦職有利哉ㅣㄴ져 人之有技를 冒疾以惡之하며 人之彦聖을 而違之하야 俾不達이면 是不能容이라 以不能保我子孫黎民이니 亦曰殆哉ㅣㄴ져

秦誓篇은 秦의 穆公이 자기 신하와 백성에게 맹세한 말이다. 穆公이 有德하여 많은 백성이 그를 따랐음으로 이후 始皇帝에 이르러 천하를 통일 할 수 있었다. 천하 통일 대업의 그 기초가 穆公代에 닦여졌다.

穆公이 鄭나라를 치려고 할 때 老承之人의 경륜 있는 자의 진언은 뒤로 하고 젊은 사람의 말만 듣고 일방적으로 준용했기에 晋·鄭 연합군과의 전쟁에 졌다. 즉, 穆公은 전쟁에 패하여 백성에게 迷惑을 끼친 것이다.

이에 잘못을 깊이 깨달아서 금후에는 소란을 피우지 아니할 것을 굳게 다짐한 것을 '秦誓'라 하고, 백성이 진심으로 자기를 돕고 따를 수 있도록 덕을 기르기로 작정하였다. 전쟁에서 패한 것이 오히려 약이 되어 그로부터 穆公은 治國에 힘을 쏟아 나라는 발전하였다. 『서경』 마지막에 이 편이 나온 것은 意義가 깊다고 하겠다. 인간은 누구나 이기면 마음이 교만해지고, 지면 노력이

꺾여지는 것이 보통이다. 한 나라가 전쟁에 패하였을 경우 그 실패 원인을 분석하여 다시 힘을 기르는 데 주력하기만 한다면, 그 나라는 반드시 흥하는 법이다. 이는 古今을 통해서 움직일 수 없는 좋은 교훈이다. 그래서 秦誓篇을 『서경』의 끝 편에 실은 것이 아닐까?

> [朱子註]

秦誓는 周書 l 라 斷斷은 誠一之貌 l 라 彦은 美士也 l 오 聖은 通明也 l 라 尙은 庶幾也 l 라 媢는 忌也 l 오 違는 拂戾也 l 라 殆는 危也 l 라

秦誓는 「周書」이다. 斷斷은 정성스럽고 한결같은 모양이다. 彦은 아름답고 〈훌륭한〉 선비요, 聖은 통하여 밝은 것이다. 尙은 거의〈라는 뜻〉이다. 媢는 꺼리는 것이다. 違는 떨치어 어기는 것이다. 殆는 위태한 것이다.

- 拂戾: 거역하는 것.

1015

唯仁人이아 放流之하야 迸諸四夷하야 不與同中國하나니 此謂唯仁人이아 爲能愛人하며 能惡(오)人이니라

오직 어진 사람(仁人)이라야만이 이들(사악한 자들)을 추방하여 귀양보내되 사방 오랑캐의 땅으로 내쫓아, 함께 중국에서 살지 못하게 할 수 있으니, 이를 일러 '오직 仁人이어야 능히 남을 사랑하며, 능히 남을 미워한다'고 하는 것이다.

- 流: 유배의 뜻.

尙:오히려 상 庶:거의 서 幾:거의 기 媢:꺼릴 모 忌:꺼릴 기 違:어길 위 拂:떨 불 戾:어그러질 려 殆:위태로울 태 放:놓을 방 流:흐를 류 迸:쫓을 병 諸:모든 제 夷:오랑캐 이 與:같이할 여 逐:쫓을 축 屛:물리칠 병

- 迸: 逐. 屏. 쫓아버리는 것.
- 四夷: 王化가 미치지 아니하는 곳. 中華의 땅을 제외한 다른 곳에 사는 민족을 총칭하여 한 말임.

總說

윗문장은 앞문장(1014)과 관계 있는 문장으로서 惡人, 不善人, 小人에 대해서는 단호하게 대처하는 仁人의 마음을 표현한 대문이라 할 수 있다.

各說

- 放流之하야: 앞문장에서 明德이 되지 아니한 사람 곧 "～ 人之有技를 媢疾以惡之하며 人之彦聖을 而違之하야 俾不通이면 ～"(남이 가지고 있는 재능을 시기하고 미워하며, 남의 아름다운 선비로 통하여 유명한 것을 어겨서 하여금 통하지 못하게 하면) 곧 소인의 심리 작용을 가진 자를 추방, 귀양 보내고.
- 迸諸四夷하야: 이런 구절의 내용으로 보아서 中華 이외의 사람은 모두 不善人이며 小人의 나라에 산다는 뜻도 된다. 어찌 보면 우리 나라도 '有明朝鮮'이라 하여 중국의 속국이라는 것에 생각이 이르게 되는데 좀 생각해 볼 일이다(이 글이 좋다고 하여 읽고 완색은 하지만 생각해 볼 일이다).

이를 두고 오직 仁人만이 사람을 사랑할 수 있고 사람을 미워할 수 있다는 것이다. 따라서 仁人＝聖人＝善人이라야만이 愛와 惡(오), 善과 不善을 다할 수 있다는 것이다. 不善人과 小人은 그 경지에 가보지 못하였으니 어떤 것이 善의 경지인지를 알 수 없다는 것이다. 이와 같이 能愛 能惡(오)를 알아서 대처할 수 있는 능력자가 仁人이며 이러한 것을 가지는 마음의 판단이 絜矩之道라고 할 수 있다. 윗문장과 관련하여 '仁人'에 대한 것을 다른 경전에서 찾아 공부하여 보자.
예1) 元者는 善之長也ㅣ오 ~ 君子ㅣ 體仁이 足以長人이며 ~ (『周易』☰乾卦 文言傳)

元이라는 것은 착한 것이 길어져 나가는 것이요 ~ 군자가 몸소 仁을 체득하면 사람들에게 족히 어른 노릇을 하게 된다.

[설명] 군자는 仁을 본받아 사용하는 사람이니, 이 仁人은 聖人임을 알 수 있다.

2) 子ㅣ 曰 惟仁者ㅣ아 能好人하며 能惡(오)人이니라 (『論語』「里仁」)

공자께서 말씀하시기를 "오직 仁者만이 남을 좋아할 수 있고 남을 미워할 수 있다"고 하셨다.

3) 仁人은 無敵於天下ㅣ니 以至仁으로 伐至不仁이어니 而何其血之流杵也ㅣ리오 (『孟子』「盡心下」)

仁人은 천하에 대적할 사람이 없다. 지극한 仁으로써 不仁한 사람(紂王)을 정벌했으니, 어찌 그 피가 절구 공이를 표류하게 하는 일이 있었겠는가.

・血之流杵: 『書經』「周書」武成篇에 '血流漂杵'가 나온다.

4) 國君이 好仁이면 天下에 無敵焉이니 南面而征에 北狄이 怨하며 東面而征에 西夷ㅣ 怨하야 曰 奚爲後我오하나라 (『孟子』「盡心下」)

나라의 임금이 어진 것을 좋아하면 천하에 대적할 자가 없는 것이다. 〈탕임금이〉 남쪽을 향하여 정벌함에 북쪽의 오랑캐가 원망하며, 동쪽을 향하여 정벌함에 서쪽의 오랑캐가 원망하여 말하길 '어찌 나를 뒤에 하느냐'고 하였다.

5) 孟子曰 不仁而得國者는 有之矣어니와 不仁而得天下는 未之有也ㅣ니라 (『孟子』「盡心下」)

맹자께서 말씀하시기를 "어질지 못하고서 나라를 얻은 자는 있지만, 어질지 못하고서 천하를 얻은 자는 있지 않다"고 하셨다.

[설명] 不仁하면 千乘之家는 될 수 있어도 萬乘之家는 될 수 없다. 不

伐:칠 벌 何:어찌 하 杵:다듬잇방망이 저 怨:원망할 원 奚:어찌 해 未:아닐 미 乘:탈 승

仁으로써 백성의 마음, 곧 천하를 얻는 자는 自古로 있지 아니하였다. 곧 그 계승이 1,2代로써 끝이 났다는 뜻이기도 하다.

 결론적으로 윗문장은 所好와 所惡, 곧 善과 不善(惡)을 두고 한 말이다. 이러한 好惡를 好惡대로 至公無私하게 처리할 수 있는 사람은 仁人뿐이요, 또 그렇게 해야만 仁人이 된다. 오직 이 仁人만이 이런 사악한 자를 사방 야만 족속으로 축출시켜 중국에서 함께 살지 못하게 할 수 있다. 이와 같은 사실을 두고서 오직 仁人만이 사람을 사랑할 수 있으며 사람을 미워할 수 있다. 다시 말하면 仁人은 絜矩之道에 철저한 사람이다. 이 혈구지도는 바로 인간이 가지는 好惡에 의한 공평한 도리이기 때문이다.

朱子註

迸은 猶逐也 ㅣ라 言有此媢疾之人이 妨賢而病國則仁人이 必深惡(오)而痛絶之니 以其至公無私故로 能得好惡(오)之正이 如此也 ㅣ라

 迸은 逐과 같다. 이와 같은 媢疾하는 사람이 있어서 어진이를 방해하고 나라를 병들게 하면, 어진 사람(仁人)이 반드시 깊이 미워하고 심히 끊어서, 지극히 공정하고 사사로움이 없기(至公無事) 때문에 능히 좋아하고 미워함의 바른 것이 이와 같다는 말이다.

　· 逐: 쫓아내는 것.

● 必深惡而痛絶之니: 好惡의 是非를 가려서 처리한다는 뜻이다.
[설명] 사악한 자에 대해 仁人으로서 취해야 하는 행동과 처리하는 바의 마음가짐을 말하였고, 이러한 처리의 발단이 곧 혈구지도라고 할 수 있다.

迸:쫓을 병　猶:오히려 유　媢:꺼릴 모　疾:미워할 질　至:이를 지

1016
見(견)賢而不能擧하며 擧而不能先이 命也ㅣ오 見(견)不善而不能退하며 退而不能遠이 過也ㅣ니라

어진이를 보고도 능히 들어내어 쓰지 못하며, 들어내어 쓰되 먼저 하지 못하는 것이 태만인 것이요, 不善한 자를 보고도 물리치지 못하며, 물리치되 멀리하지 못함이 허물이다.

- 擧: 등용하는 것.
- 先: 앞뒤 문장의 내용으로 보아 '近'字의 잘못이다. 그러나 '近'이나 '先'은 뜻이 같다.
- 命: 天命. 天性. 本性.

總說

윗문장은 앞의 문장(1015)을 이어 唯仁人이 되지 못한 사람의 예를 든 글이다.

各說

윗문장을 다시 해설하여 보면, 어진 것을 보고 능히 본받지 못하며, 이를 본받아도 능히 먼저 하지 못함이 天命이다. 이러한 이치와 같이 不善을 보고도 능히 멀리하지 못하고, 물리치되 능히 멀리하지 못함이 過失이라고 하는 것이다.

- 見不善而不能退하며 退而不能遠이 過也ㅣ니라: 이 구절을 실례로 들어 설명하면, 不善한 자를 보고도(있어도) 관직에서 파면시키지 못하고, 또 파면시키더라도 멀리 물리쳐서 그 관계를 완전히 끊지 못하는 것은 過失이라 해도 좋다는 것이다.

> 朱子註

命은 **鄭氏云 當作慢**이라하고 **程子云 當作怠**라하니 **未詳孰是**ㅣ라 **若此者**는 **知所愛惡(오)矣而未能盡愛惡之道**하니 **蓋君子而未仁者也**ㅣ라

 命은 鄭氏(鄭玄)가 이르기를 '마땅히 慢으로 지어야 한다'하고 程子는 '마땅히 怠로 지어야 한다'고 하니 누가 옳은지는 자세하지 않다. 이와 같은 것은 사랑하고 미워하는 바를 잘 알고 있으나, 능히 사랑하고 미워하는 도를 다하지 못하면, 군자이기는 하나 아직 어질지 못한 자이다.

- 知所愛惡矣而未能盡愛惡之道하니: 무엇을 사랑하고 무엇을 미워해야 하느냐의 대상점을 잘 분별하고 있으나, 대개 사랑하고 미워하는 방법을 충분히 옳게 실천하지 못하면.
- 蓋君子而未仁者也ㅣ라: 대체로 군자이기는 하나 그렇다고 仁까지는 미치지 못한 통치자라고 하는 것이다.

[설명] 나는 '命'字가 鄭玄의 주장대로 '慢'字의 誤字가 아닐까 생각한다. 또한 音도 비슷하다.

1017
好人之所惡(오)하며 **惡(오)人之所好**ㅣ **是謂拂人之性**이라 **菑必逮夫身**이니라

 사람들(남)이 싫어하는(미워하는) 것을 좋아하고, 사람들이 좋아하는 것을 싫어하는 것, 이를 일러 사람의 本性을 역행하는 것이라 한다. 〈이러한 자는〉 재앙이 반드시 그 몸(자신)에 미칠 것이다.

 ・夫身: 그 몸. '夫'는 조사.

慢:게으를 만 怠:게으를 태 詳:자세할 상 孰:누구 숙 拂:거스릴 불 菑:재앙 재 逮:미칠 체

總說

윗문장은 不仁者의 마음 가짐이 어떠한지를 표현한 글이며, 이를 이해함으로써 仁人者의 마음 가짐을 알게 된다.

各說

윗문장의 "好人之所惡하며 惡人之所好ㅣ"는 "詩云 樂只君子여 民之父母ㅣ라하니 民之所好를 好之하며 民之所惡를 惡之ㅣ"[9](1003), "秦誓에 曰～人之有技를 若己有之하며 人之彦聖을 其心好之ㅣ"[10](1014)와는 반대되는 뜻이라 볼 수 있다.

결론적으로 모든 사람이 한결같이 싫어 하는 것은 악한 것들이요, 모든 사람이 한결같이 좋아 하는 것은 선한 것들이다. 이것은 인간에게 공통된 본성이요, 혈구지도의 거점이다. 이 본성을 역행하며 사람들이 싫어하는 것들 즉, 악한 것들을 좋아 하고 사람들이 좋아 하는 선한 것들을 싫어 한다면, 災禍가 그 몸에 기필코 미친다는 것이다. 이것이 바로 자연의 이치다.

朱子註

拂은 逆也ㅣ라 好善而惡惡은 人之性也ㅣ니 至於拂人之性則不仁之甚者也ㅣ라 自秦誓로 至此에 又皆以申言好惡公私之極하야 以明上文所引南山有臺節南山之意ㅣ라

---

9) 『詩經』에 이르기를 '즐거우신 군자여, 백성의 부모이다' 하였으니, 〈이렇게 말하는 까닭은〉 백성이 좋아하는 바를 좋게 여기며, 백성이 〈싫어하고〉 미워하는 바를 미워하고〈싫게〉여기는 것.

10) 〈『書經』「周書」〉秦誓에 이르기를 ～ 남이 가지고 있는 재능을 마치 제 자신이 가진 것과 같이 여기며, 다른 사람의 뛰어나게 어짊을 그 마음으로 좋다 함이.

拂은 거스른다는 것이다. 착한 것(善)을 좋아하고 악한 것을 미워하는 것은 사람의 〈본〉성이니, 사람의 〈본〉성을 거스르는 데 이르면 不仁이 심한 자이다. 『秦誓』로부터 여기까지는 또한 다 좋아하고 미워함과 공정하고 사사로움의 지극함을 거듭 말하여, 윗글에 인용한 「南山有臺」와 「節南山」의 뜻을 밝힌 것이다.

- 南山有臺篇: 詩云 樂只君子여 民之父母ㅣ라하니(1003) — 『시경』에 이르기를 '즐거우신 군자여, 백성의 부모이다' 하였으니 — 이 세상에 明明德과 止於至善으로써 즐거움을 가진 군자여, 우리 만 백성의 부모와 같구나.
- 節南山篇: 詩云 節彼南山이여 維石巖巖이로다(1004) — 『시경』에 이르기를 '깎아지른 듯이 높은 저 남산이여! 바윗돌이 첩첩이 쌓여 있구나! — 남산 같이 혁혁한 위세를 보이고 있는 爲政者들은 백성의 눈이 그들에게 집중되어 있으므로 항상 근신하고 조심해야 한다. 好·惡·公·私에 대한 혈구지도를 잘 알아서 정치하라는 것이다.

1018
是故로 君子ㅣ 有大道하니 必忠信以得之하고 驕泰以失之니라

이러므로 군자는 大道가 있으니, 반드시 충성과 믿음으로써 〈민심을〉 얻게 되고, 교만하고 사치함으로써 〈민심을〉 잃게 되는 것이다.
- 大道: 혈구지도를 뜻한다.
- 驕泰: 교만하고 건방짐. 교만하고 사치스러움.

各說

- 君子ㅣ 有大道하니: 다스리는 지위에 있는 군자에게는 大學의 道가 있으니.

- 必忠信以得之하고: '忠'은 자신이 최선의 힘을 다하는 것(盡己爲忠)이고, '信'은 자기 양심(남)을 속이지 않는 것(毋自欺之心)이다.
- 驕泰以失之니라: 이 구절의 '驕泰'와 연관하여 『논어』「자로」의 한 구절을 인용하여 보자.

  예) 子ㅣ曰 君子는 泰而不驕하고 小人은 驕而不泰ㅣ니라

  공자께서 말씀하시기를 "군자는 泰然하나 교만하지 아니하고 소인은 교만하나 泰然하지 못하다"고 하셨다.

앞에 나온 문장들을 윗문장과 연관하여 정리하여 보자. "康誥에 曰 ~ 道善則得之하고 不善則失之矣니라"(1011)와 "是故로 ~ 必忠信以得之하고 驕泰以失之니라"(1018)에서,

忠信 ＝ 善 － 得
驕泰 ＝ 不善 － 失

"詩云 殷之未喪師엔 ~ 道得衆則得國하고 失衆則失國이니라"(1005)에서,

得衆 － 善 － 得國
失衆 － 不善 － 失國

朱子註

君子는 以位言之ㅣ라 道는 謂居其位而脩己治人之術이라 發己自盡이 爲忠이오 循物無違ㅣ 謂信이라 驕者는 矜高ㅣ오 泰者는 侈肆ㅣ라 此는 因上所引文王康誥之意而言이니 章內에 三言得失而語益加切ㅣ하니 蓋至此而天理存亡之幾ㅣ 決矣ㅣ라

驕:교만할 교 泰:사치할 태 循:좇을 순 違:어길 위 矜:자랑할 긍 肆:방자할 사 決:정할 결

군자는 지위로써 말한 것이다. 道는 그 자리에 있으면서 몸을 닦고 사람을 다스리는 기술을 이르는 것이다. 자기의 몸을 발하여 스스로 〈최선을〉다하는 것이 忠〈誠〉이오, 사물의 이치에 따라서(사람을 따라서) 어긋남이 없는 것을 信이라 이른다. 驕라는 것은 자랑하고 높은 체함이요, 泰라는 것은 사치하고 방자함이다. 이것은 위에서 인용한 바「文王詩」와「康誥」의 뜻을 말한 것이니, 문장 안에 세 번이나 得과 失을 말한 것은 말이 더욱 절실함을 더하였으니, 대개 이에 이르러서 하늘의 이치(天理)가 존망의 계기로 결정된다는 것이다.

- 君子는 以位言之ㅣ라: 덕이 있다는 말이 아니고 다스리는 지위로 말한 것이다.
- 謂居其位而修己治人之術이라: 혈구지도를 뜻한다. 孝悌仁義之道.
- 三言得失~:①"詩云 殷之未喪師엔 ~ 道得衆則得國하고 失衆則失國이니라" (1005)
  ②"康誥에 曰 ~ 道善則得之하고 不善則失之矣니라" (1011)
  ③"是故로 ~ 必忠信以得之하고 驕泰以失之니라" (1018)
- 得失而語益加切ㅣ하니: 어떻게 하면 얻고 어떻게 하면 잃는다는 것이다.

[설명] 本·末에 있어서 根本을 잊어버리면 아니 된다. 그리고 本이 先行되어야지 本·末의 先後가 바뀌어져서는 아니 된다. 이러한 결과가 '得國'이며 '失國'이다.

1019

生財ㅣ 有大道하니 **生之者ㅣ 衆**하고 **食之者ㅣ 寡**하며 **爲之者ㅣ 疾**하고 **用之者ㅣ 舒**하면 **則財恒足矣**ㅣ리라

재물을 생산해 내는 데 大道가 있으니, 〈이 大道를 살펴보면〉 생산하는 사

寡:적을 과 疾:빠를 질 舒:느릴 서 恒:항상 항

람은 많고 徒食하는 사람은 적으며, 만드는 사람이 〈그 행동을〉 빠르게 하고 〈이 재물을〉 쓰는 자는 느리게(여유 있게) 하면, 곧 재물이 항상 풍족하게 될 것이다.

- 大道: 大方.
- 疾: 빠르다는 뜻이며, '舒'와는 뜻이 반대가 된다. '不疾而速, 不行而至'[11] (『周易』「繫辭上傳」)의 '疾'과 뜻이 같다.

總說

윗문장은 고대의 소박한 재정론이며, 경제에 있어서 本末이 어떤 것인가를 설명해 주는 대문이다.

各說

- 用之者ㅣ舒하면: 낭비를 하지 말고 내가 가지고 있는 재물에 맞추어서 소비를 하도록 하라는 것.

윗문장은 통치자로서의 위정자는 재정이나 국민경제에 대하여 관심이 있어야 하고 이를 잘 조정하여 백성의 생활 안정에 도움이 되어야 한다는 내용이다.

또한 생산하는 자가 많고 無爲徒食하는 자가 적으면 만드는 자의 행동이 민활하고, 소비하는 자가 여유 있게 하면(절약 정신을 발휘하면) 재물은 항상 풍족하게 된다고 하였다.

財物은 治國과 齊家를 하는 데 불가결의 것이긴 하나 이것이 外本內末로 되어서는 아니 된다. 德을 가볍게 하고 財를 중시하는 정치를 하게 되면 국가 재

---

11) 빠르지 아니해도 빠르게 하고, 가지 아니해도 가서 이르게 되는 것이다.

정이 풍족히 되지 아니함을 말한 것이다. 곧 本末을 알고 정치를 해야 한다. 이에 대해서는 朱子의 註釋에 상세하게 설명되어 있다.

현대 사회는 물질을 위주로 하는 산업 사회이다. 그러므로 정신적인 도덕성 위에서 경제가 발전되어야지 근본이 없는 도덕성의 바탕에서 경제가 발전한다면 현대 사회의 문명은 사상누각처럼 오래 지속될 수 없다. 그래서 정신적인 문화 발전 위에 물질적인 경제 발전이 있어야 한다. 이것이 『대학』에서 말하는 정치 원리이며 本末을 안다는 것이다.

만약에 그러하지 못하고 재물만을 중시하는 사회가 된다면, 그야말로 혼란스럽고 몰인정한 약육강식, 霸道의 정치 사회가 될 것이다. 곧 위정자들이나 국민은 이를 잘 알고 정치를 하라는 것이다. 이와 관련하여 다른 경전에서 한 구절씩을 인용하여 공부해 보기로 하자.

예1) 子 ㅣ 曰 道千乘之國호대 敬事而信하며 節用而愛人하며 使民以時니라 (『論語』「學而」)

千乘(제후)의 나라를 다스리려면 일을 공경하고 믿음으로 하며, 쓰기를 절재하며 사람을 사랑하며 백성 부리기를 때 맞추어 할 것이다.

2) 八政은 一曰食이오 二曰貨ㅣ오 三曰祀오 四曰司空이오 五曰司徒오 六曰司寇오 七曰賓이오 八曰師ㅣ니라 (『書經』「洪範」)

여덟 가지 政事라는 것은 첫째는 먹는 것이오, 둘째는 재화요, 셋째는 제사요, 넷째는 땅을 다스리는 것이오, 다섯째는 백성을 다스리는 것이요, 여섯째는 범죄를 다스리는 것이오, 일곱째는 손님을 대접하는 것이요, 여덟째는 군대입니다.

[설명] 첫째로 중요시해야 하는 것이 '食'이다. 이 '食'은 밥을 먹고 살아야 한다는 뜻도 있겠으나 생명을 유지할 수 있는 절대적인 것을 말한다. 이것 이외에 여유 있게 가지는 것을 '貨'라고 할 수 있지 않겠는가? 『書經』의 註書에서는 "食者는 民之所急이오 貨者는 民之所資故로 食爲首而貨次之食이라"[12]고 했다.

---

12) 食이라는 것은 백성의 급한 바이고, 貨라는 것은 백성의 자산인 바이다. 그러므로 먹는 것이 먼저이고 재물은 먹는 것의 다음이 된다.
祀:제사 사 寇:도둑 구 賓:손 빈 洪:넓을 홍 範:법 범

3) 子貢이 問政한대 子ㅣ 曰 足食足兵이면 民이 信之矣ㅣ리라
   (『論語』「顔淵」)

　　자공이 政事(정치)를 물으니 공자께서 말씀하시기를 "먹을 것을 만족하게 하고, 군사를 만족하게 하면 백성이 믿을 것이다"고 하셨다.

　내 주변에서 간단한 실례를 들어보면, 내 친구 중 한 사람이 경찰서장으로 재직시에, 지역 주민과 대화를 할 때『대학』의 이 구절을 인용하였고 또 이에 따라 對民 업무를 펼쳤다. 그 뒤 이 친구는 참으로 훌륭한 치안유지 책임자라는 호평을 받게 되었다고 한다.

　위의 본문장과 예문에서 예시하듯이 '君王은 以民爲天이고, 百姓은 以食爲天(大)'인 것이다.

朱子註

呂氏曰 國無遊民則生者ㅣ 衆矣ㅣ오 朝無幸位則食者ㅣ 寡矣ㅣ니 不奪農時則爲之疾矣ㅣ오 量入爲出則用之舒矣ㅣ라 愚는 按此컨대 因有土有財而言하야 以明足國之道在乎務本而節用이오 非必外本內末而後에 財可聚也ㅣ라 自此로 以至終篇이 皆一意也ㅣ니라

　呂氏(呂大臨)가 말하기를 "나라에 놀고 먹는 자들이 없으면 곧 생산하는 자가 많게 되는 것이요, 조정에 요행의 지위가 없으면 먹는 자가 적어질 것이니, 농사짓는 때에 농민들의 농사짓는 시기를 빼앗지 않으면 곧 하는 것이 빠르게 될 것이요, 수입을 헤아려 지출을 한다면 재물을 사용함에 있어서 느릴 것이다"라고 했다.

　내가 살피건대, 이것은 땅이 있고 재물이 있다고 한 말씀에 인하여, 나라를 풍족하게 하는 道는 근본에 힘쓰고 재물을 사용함에는 절제하는 데 있는 것이요, 반드시 근본을 밖으로 하고 끝을 안으로 한 뒤에 가히 재물이 모인다는 것

遊:놀 유 衆:무리 중 朝:조정 조 幸:요행 행 食:밥 식 奪:빼앗을 탈 農:농사 농 愚:어리석을 우 按:살필 안 此:이 차 可:옳을 가 聚:모일 취 終:끝날 종

이 아님을 밝힌 것이다. 여기서부터 끝 편에 이르기까지 다 똑같은 뜻이다.
- 流民: 백성 사이에 무위도식하는 실업자 또는 나태하여 일하지 않고 밥만 먹는 사람.
- 幸位: 아무 하는 일 없이 무위도식하는 관리. 국록만 축내는 관리.
- 愚: 朱子 스스로 자기를 일컫는 말. 겸손의 말.

- 朝無幸位則食者ㅣ: 조정에 놀고 먹는 자. 즉, 국록을 축내는 戚黨이나 불필요한 직위와 인원이 없으면 놀고 먹는 자가 적게 될 것이니.
- 不奪農時: '使民以時' 즉 부역, 토목 공사나 정벌 등은 그 때를 잘 선택해야 한다는 것이다.
- 非必外本內末而後에 財可聚也ㅣ라: 德을 중시하라는 것.
- 皆一意也ㅣ니라: 本末과 先後. 明德과 財物.

1020
仁者는 以財發身하고 不仁者는 以身發財니라

어진 사람은 재물로써 몸(자신)을 일으키고, 어질지 못한 사람은 〈도리어〉 몸으로 재물을 일으킨다.
- 發: 發揮.

總說

윗문장은 재물을 사용하는 방법을 말한 대문이다.

發: 일어날 발

各說

- 仁者는 以財發身하고 : 仁者는 身이 本이고 財가 末이 된다. 즉, 사욕을 생각지 않고 재물을 천하 국가 이익을 위하여 공익에 씀으로써 立身揚名하는 것.
- 不仁者는 以身發財니라 : 不仁者는 財가 本이고 身이 末이다. 즉, 몸을 망쳐서라도 재화를 모으는 데만 힘을 쓰고 몸의 危亡에는 마음을 쓰지 않는다. 非良心과 不正으로써 돈만 벌면 된다는 뜻.

仁者는 '재화란 사람의 공통된 所欲임을 알고 그 所欲을 남들과 함께 하여 제 혼자만이 독점하지 아니함으로써 이름을 얻고 衆望의 대상이 된다는 말이다'고 했다.

이에 대한 실례로 近世의 學者 盧相稷 선생을 소개할 수 있다. 盧선생은 慶南 昌寧 菊洞(국골) 사람으로, 碑는 昌原에 현존한다. 性齋 許傳의 淵源이시다. 儒學淵源錄을 살펴보면 그의 제자는 43명으로 기록되어 있다. 盧선생은 曲字 집을 지어 講堂을 차려, 후진 양성을 위하여 자기 식구만 먹을 정도만 두고 4, 5百石 되는 재산을 교육에다 다 쓴 분이다. 배우고자 하는 자에게 밥과 옷을 주며 또 자기가 직접 교육까지 시켰으며 일생 동안 재산을 투자하여 '사람벌이'하는 데에 낙을 삼았으니 以財發身한 자의 좋은 예라 할 수 있겠다. 우리는 이러한 위대한 道學者의 얼을 이어 받아야 하겠다. 또한 盧선생의 주장은 遠大하고 앞을 내다보는 사상이다. 즉, 1년의 수확을 위해서는 전답에 곡식을 심고, 10년의 수확을 위해서는 植木 곧 산에 나무를 심고, 100년의 수확을 위해서는 사람을 심는다(種德)고 했으니 곧 교육을 한다는 것이다. 이런 선생의 높은 이상 아래 많은 사람이 배우고 교화되어 배출된 것이다.

不仁者가 몸으로 재화를 일으킨다는 것은 오로지 財利에만 눈을 밝혀서 제 몸의 危亡조차 돌아보지 못하고 聚財하기에 급급한다는 것이니, 自古로 이러

稷:기장 직 菊:국화 국 淵:깊을 연

한 위정자는 죽거나 망하지 않은 자가 없었으며, 또 역사의 한편을 악명 높은 위정자로 장식하였으니 殷나라의 紂王이 自焚한 것이 좋은 예이다.

　　仁者　－ 君子 － 以財發身 － 大儲(財)를 위하여 小儲를 버리는 것.
　　不仁者 － 小人 － 以身發財 － 小儲를 위하여 大儲를 버리는 것.

朱子註

發은 **猶起也**ㅣ라 **仁者**는 **散財以得民**하고 **不仁者**는 **亡身以殖貨**ㅣ니라

　發은 起와 같다. 어진 사람(仁者)은 재물을 흩어서 백성을 얻고, 어질지 못한 자(不仁者)는 자기의 몸을 망쳐서 재물을 증식한다.

1021
未有上好仁而下不好義者也ㅣ니 **未有好義**오 **其事不終者也**ㅣ며 **未有府庫財**ㅣ **非其財者也**ㅣ니라

　윗사람들이 仁을 좋아하는데 아랫사람들이 義를 좋아하지 않을 사람이 있지 않으니, 〈아랫사람들이〉 義를 좋아하고서 윗사람들이 꾀하는 일(其事)이 〈有終之美로〉 끝마쳐지지 아니한 것이 없으며, 창고의 재물이 자기의 재물이 아닌 것이 없다.

　・未有: 이 문구의 뒤에는 꼭 不定의 문장이 뒤따른다.
　　　　예)未有～不, 未有～非.

儲:쌓을 저 府:창고 부 庫:창고 고

總說

윗문장은 모든 것이 仁이라야 한다는 뜻의 글이고, 仁者無敵의 실례를 말한 대문이다.

各說

윗문장은 임금이 仁道를 행하면, 그 신하들은 반드시 의롭게 되어 義로써 擧事하여 이룩되지 않음이 없는 것이다. 그것이 꼭 그렇게 되는 것을 비유하자면 마치 자기 府庫의 재물이 자기 소유가 되는 것과 같음을 말했다.

- 未有府庫財ㅣ非其財者也ㅣ니라: 仁으로 모은 재물은 자기의 소유가 될 수도 있지만, 不仁으로 모은 재물은 오래 가지 못한다는 뜻이다. 殷나라의 紂王은 鉅橋와 鹿台 두 창고에 재물을 가득 채운 것이 백성의 반란으로 자기와 자기의 몸을 燒死시키는 화근이 되었다. 재물을 不義와 不仁으로 모았기에 바로 不義와 不仁으로는 '亦悖而出'하게 된다는 교훈이기도 하다. 또 唐나라의 德宗은 두 창고에 가득 차 있는 재물로 인하여 궁전에서 도망쳐 달아나는 비참한 사건이 일어났으니, 이것은 '以身發財'하는 좋은 예시라고 할 수 있는 것이다.

王 (上者) - 仁, 不仁
百姓(下者) - 義, 不義

朱子註

上好仁이 以愛其下則下好義하야 以忠其上하나니 所以事必有終而府庫

之財ㅣ 無悖出之患也ㅣ니라

윗사람이 어진 것(仁)을 좋아하여 그 아랫사람을 사랑한즉 아랫사람들이 義를 좋아하며 그 윗사람에게 충성을 다할 것이니, 이 때문에 일이 반드시 마침이 있고, 창고의 재물이 어그러지게 나가는 근심이 없는 것이다.

· 所以 : ~한 까닭이다.

1022

孟獻子ㅣ 曰 畜(휵)馬乘은 不察於鷄豚하고 伐氷之家는 不畜(축)牛羊하고 百乘之家는 不畜(휵)聚斂之臣하나니 與其有聚斂之臣으로 寧有盜臣이라하니 此謂國은 不以利爲利오 以義爲利也ㅣ니라

孟獻子[13]가 말하기를 "馬乘을 기르게 된 자는 닭과 돼지를 살피지 아니하고, 얼음을 사용하는 집안은 소나 양을 기르지 아니하고, 百乘의 집안은 취렴하는 신하(家臣)를 두어서는 아니되며, 그 취렴하는 신하를 두는 것보다 차라리 도적질하는 신하를 두라" 하였으니, 이러한 것을 일러 '나라는 利로써 이로움을 삼지 아니하고 義로써 이로움을 삼는다'고 하는 것이다.

· 馬乘 : 말 네 마리를 뜻한다. 수레를 끌려면 말 네 필이 소요됨으로 馬乘을 기르는 사람, 大夫 벼슬에 있는 사람을 馬乘으로 표현하였음.

· 伐氷之家 : 행사 때 얼음을 마음대로 사용할 수 있는 지위의 집안. 그 외의 집안은 임금이 얼음을 下賜했다. 요즘은 모든 집이 伐氷之家가 되었다.

· 畜 : 윗문장에서 畜의 音을 '휵'으로 읽으나 '不畜牛羊'의 畜은 音을 '축'으로 읽는다.

---

13) 魯나라 사람으로 공자보다는 약간 선배임. 賢大夫였던 仲孫蔑을 말함. 50년 동안 國政을 맡았다.

悖:어그러질 패 患:근심 환 畜:기를 축 察:살필 찰 鷄:닭 계 豚:돼지 돈 牛:소 우 斂:거둘 렴

- 百乘之家: 제후.
- 聚斂: 모으고 거둬드리는 것.
- 與A～寧B: A하기보다는 차라리 B하다.

總說

윗문장은 정치적인 것을 담은 글이다.

各說

- 畜馬乘은 不察於鷄豚하고: 卿大夫의 位에 있는 자가 그 下位(知事, 郡守)에서 하는 행위인 경제적 수단에 관한 것을 간섭하거나 거기에 참여하지 아니한다는 것이다.
- 伐氷之家는 不畜牛羊하고: 나라의 녹을 받는 卿大夫 이상(상관 이상의 관리)의 관리가 소나 양을 기름으로써 백성의 이익을 다투는 것은 하지 아니한다는 것이다.
- 百乘之家는 不畜聚斂之臣하나니: 卿大夫의 집안에서는 취렴하는 家臣을 두는데 백성으로부터 가혹한 세금을 짜내는 그런 신하는 두지 아니한다는 것. 이와 같이 卿大夫가 지녀야 할 올바른 정치 이념을 견지하지 못하면, 백성에게 취렴하는 신하를 두는 것이 차라리 자기 집의 곡간에 재물을 도적질하는 신하를 두는 것만 같이 못하다. 곧 卿大夫나 君主가 자기 자신의 재산을 잃는 한이 있더라도 백성의 재산을 손상시키는 일이 있어서는 아니 된다는 정치 목표를 엿볼 수 있다.
- 與其有聚斂之臣으로 寧有盜臣이라하니: 이 구절 같은 孟獻子의 말을 인용하여서 가르쳐 주는 曾子의 교훈은 위정자들의 마음가짐으로써 "不以利爲利오 以義爲利也ㅣ니라"이다. 여기서 '義'는 도덕상 當爲의 도리이나 '利'는 功利上의 추구 대상임으로 양자가 번번히 대립, 상충되는 것은 사실이

다. 이 경우 利를 버리고 義를 취하는 것이 경전의 정신이다. 그러나 利와 義의 상충은 절대적인 것은 결코 아니다. 따라서 여기에 利는 私利私欲을 뜻하는 것이니 公利는 義의 범주에 포함하거나 같은 것이라고 보아야 할 것이다. 더욱이 현대 자본주의 사회에서는 私利만을 추구하는 경향이 있는데, 이에 이『대학』의 경전 정신이야말로 새 시대를 열어 가는 보루가 아니 되겠는가? 윗문장만으로도 훌륭한 정치학이라고 할 수가 있을 것이다.

여기에 나오는 '義'字와 관련하여 다른 경전의 문장에서 義字의 쓰임을 알아 보도록 하자.

예1) 仁者는 人也ㅣ니 親親이 爲大하고 義者는 宜也ㅣ니 尊賢이 爲大하니 親親之殺와 尊賢之等이 禮所生也ㅣ니라 (『中庸』제20장)

　　仁이라고 하는 것은 人과 같은 것이니, 친족과 친애함이 크고, 義라고 하는 것은 마땅히 알맞게 하는 것이니, 어진 사람은 높임이 크니 친족과 親히 지내는 降殺와 어진 이에 대한 높임의 등급(차)이 禮가 일어난 바가 되는 것이다.

2) ～ 羞惡之心은 義之端也 오 (『孟子』「公孫丑上」)

　　～ 羞惡之心은 義의 단서요.

3) 孟子曰 仁은 人心也ㅣ오 義는 人路也ㅣ라 (『孟子』「告子上」)

　　맹자께서 말씀하시기를 "仁은 사람의 마음이요, 義는 사람의 길이다" 고 하셨다.

4) 見利思義하며 見危授命하며 (『論語』「憲問」)

　　利를 보면 義를 생각하며, 위태로운 것을 보면 목숨을 바치며.

　　[설명] 私利를 보면 功利(義理)를 생각하여 행동한다. 따라서 위태로운 것을 보면 天命을 받아서 행동한다고 생각해야 한다.

위의 문장을 표로써 정리해 보면 다음과 같다.

畜馬乘　　 → 不察於鷄豚
伐氷之家 → 不畜牛羊
百乘之家 → 不畜聚斂之臣

위의 표는 모두 같은 뜻이라고 할 수 있다(만약에 이렇게 되지 못한다면 與其有聚斂之臣, 寧有盜臣) → 治國에 있어서 → 不以利爲利, 以義爲利也라고 할 수 있다.

참고로 윗문장의 내용을 좀더 확실한 인식을 하기 위해 다른 경전에서 보충하여 관련 있는 문장을 찾아 보자.

예1) 季氏ㅣ 富於周公이어늘 而求也ㅣ 爲之聚斂而附益之한대 子ㅣ 曰 非吾徒也ㅣ로소니 小子아 鳴鼓而攻之可也ㅣ니라 (『論語』「先進」)
〈제후의 位에 있는〉季氏[14]가 재상인 周公보다 부유하거늘 冉求[15]가 많은 세금을 거두어 더욱 부유하게 하였으니, 공자께서 말씀하시기를 "염구는 우리의 무리가 아니니 小子들아 북을 울려서 그 죄를 토책하는 것이 옳을 것이다"고 하셨다.

2) 하늘은 날카로운 이빨을 준 것에게는 뿔을 없애버리고, 날개를 달아준 것에게는 다리 두 개만을 주었다. (『春秋傳』)
[설명] 前漢의 大學者 董仲舒의 말이다.

3) 자기집 밭의 채소를 뽑아버리고 자기집의 織女를 해고 해 버린 것은, 그것으로 생계를 세우고 있는 백성의 이익을 침범할 수 없었기 때문이다.
[설명] 魯나라 명재상 公儀休의 義理에 대한 설명이다. 私利를 주장하지 말고 義理를 주장하라는 것이다. 곧 公利를 위주로 하라는 것이다.

4) 臧文仲이 첩에게 돗자리를 짜게 한 것은 不仁하다고 하였으니, 이것은 백성과 이익을 다투게 됨으로써이다.
[설명] 이 모든 것을 私利로써 私益을 취하지 않고 오직 義理로써 利를 취하는 마음 가짐을 말한 것이니, 이것 모두가 絜矩之道라고 하겠다.

결론적으로 윗문장은 私利보다는 公利를 먼저 앞세우도록 유도하고, 義로써 나라에 이익이 되게 하는 것이 天地의 道理라는 것을 말하는 그 내면에는 역시 군자의 絜矩之道 정신이 내포되어 있다.

---

14) 춘추시대 때 魯나라의 季孫氏.
15) 춘추시대 때 魯나라 사람으로 공자의 제자이다. 字는 子有. 季氏에게 벼슬하여 재상이 됨.
鳴:울 명 鼓:북칠 고 攻:칠 공 董:바로잡을 동 仲:버금 중 織:짤 직

朱子註

孟獻子는 魯之賢大夫ㅣ니 仲孫蔑也ㅣ라 畜(휵)馬乘은 士ㅣ 初試爲大夫者也ㅣ오 伐氷之家는 卿大夫以上이니 喪祭用氷者也ㅣ오 百乘之家는 有采地者也ㅣ라 君子ㅣ 寧亡己之財ㅣ 而不忍傷民之力故로 寧有盜臣而不畜(휵)聚斂之臣이라 此謂以下는 釋獻子之言也ㅣ라

　孟獻子는 魯나라의 어진 大夫인 仲孫蔑이다. 馬乘을 기른다는 것(畜馬乘)은 선비(士)가 처음 과거하여 大夫가 된 자이다. 얼음을 친다는 집(伐氷之家)이란 卿大夫 이상의 집을 말하는 것이니, 초상 때나 제사 때에 얼음을 쓰는 지위에 있는 자이다. 百乘之家는 采地를 가지고 있는 자이다. 군자가 차라리 자기의 재산을 없앨 망정 백성의 힘을 상하게 하지 못한다. 그러므로 차라리 도둑질 하는 신하를 둘지언정 취렴하는 신하를 기르지 않는 것이다. 此謂 이하는 孟獻子의 말을 해석한 것이다.

　· 采地: 천자가 제후에게 하사한 땅를 말한다.

● 百乘之家는 有采地者也ㅣ라: 천자가 제후에게 봉해 준 땅으로 食邑이 있는 자이다.

[설명] 寧亡民之財　→　寧有盜臣　　→ 자기집 재산을 훔쳐 간다 → 私
　　　 不忍傷民之力 →　不畜聚斂之臣 → 백성의 재산을 취렴한다　→ 公
　　결국 私를 버리고 公을 취하도록 정치를 한다는 것이다.

1023
長國家而務財用者는 必自小人矣니 彼爲善之하야 小人之使

孟:성 맹　獻:바칠 헌　魯:나라이름 노　蔑:없을 멸　伐:칠 벌　卿:벼슬 경　喪:죽을 상　祭:제사 제
采:식읍 채　忍:모질 인　傷:상처 상　長:어른 장

爲國家ㅣ면 菑害並至라 雖有善者나 亦無如之何矣니 此謂國은 不以利爲利오 以義爲利也ㅣ니라

    나라의 어른이 되어서 財用을 힘쓰는 사람은 반드시 소인으로부터 말미암아서이니(반드시 소인들 때문이니), 위에 있는 모든 것(彼)을 잘한다고 하여서 소인으로 하여금 나라를 다스리게 하면 재앙과 害가 아울러 이르게 된다. 비록 착한 사람(유능한 사람)이 있더라도 또한 어찌 할 수 없을 것이니, 이를 일러서 '나라는 利를 이익으로 삼지 않고 義를 이로움으로 여긴다'는 것이다.

- 菑: 天災.
- 害: 人災. 皆.

總說

윗문장은 『대학』이 政治學書라는 것을 극명하게 드러내 주는 글이다.

各說

- 長國家而務財用者는: 내가 장관을 한다면 돈이라도 많이 벌어야 될 것인데 라고 하는, 이런 마음을 가지는 자를 뜻한다.
- 必自小人矣니: 반드시 그런 생각을 하게 되는 것은 소인이라는 것이다. 즉, 임금이 소인을 충신으로 잘못 알고서.
- 爲善之하야: '착하다'라고 해석하지 않고, '잘한다고 하여'로 해석한다.
- 彼爲善之하야 小人之使爲國家ㅣ면: '彼爲善之' 상하에 闕文이나 誤字가 있다고 朱子는 말하고 있다. 이에 대한 다른 이의 구구한 해석을 살펴보도록 하자.

菑:재앙 재 害:해칠 해 並:아우를 병 雖:비록 수

①鄭玄의 설명: '彼'를 '長國家而務財用者'의 구절을 가리키는 것으로 보아 '彼'를 대명사로써 해석한다. 즉, 君이 장차 仁義로써 그 정치를 善하게 하려고 하더라도……
②'彼'가 小人을 지칭하는 대명사로 보아 '善'을 '能'으로 해석한다. 즉, 그 小人이 능하게 하기 위하여……
③彭退菴의 四書補註備旨에서: 善을 '嘉尙하다'로 之가 小人을 가리키는 대명사로 보았다. 즉, 소인들의 하는 짓을 도리어 가상하게 생각하여……
④彼爲善之하야: 저 착하게 하기 위하여서……
- 如之何矣니: '어찌하다'의 뜻이다.
- 不以利爲利오 以義爲利也ㅣ니라: 〈나라는〉 사사로운 이익 그 자체로써 이로움을 삼지 않고 정의나 의리로써 이로움을 삼는다는 것이다.

군주 시대라고 해도 정치를 하나에서 열까지 군주가 다하는 것은 아니다. 임금은 대신과 중신을 두고 아래로 百官이 있어서 정책을 결정 시행했던 것이다. 따라서 군주의 賢, 不肖에 못지 않게 국가의 治亂이 신하의 良否에 좌우되었던 것이다. 즉, 군주가 君子를 만나느냐 아니면 小人을 만나느냐에 따라서 잘되고 못되는 바가 달려 있다. 그러므로 군주는 군자와 소인을 능별하는 통찰력과 덕이 있어야 한다. 자칫 소인들의 함정에 빠지거나 소인의 장막에 가려 끝없는 혼미 속으로 침몰되기 쉽다. 실례로 우리나라 자유당 정권 말기에 李大統領이 人의 帳幕政治에 가려 失政한 바를 들 수 있겠다. 또한 장관 취임을 자기의 사욕을 채우는 기회로 삼는 자도 紙上을 통해 볼 수 있는데, 이는 윗문장에서 말하는 군주가 소인을 만난 바이다. 조정에서의 소인배, 간신배는 民情을 살피기 전에 龍顔의 幾微에 민감한 자이다. 그리고 이들은 民財를 취렴해 모든 군주의 욕망을 충족시켜 준다. 이를 잘못 알고서 군주는 이들을 충신으로 여긴다.

그리하여 군주는 소인배, 간신배를 임금을 위하는 충신으로 잘못 오인하여 도리어 가상하게 여기고 그들로 하여금 국정을 맡기고 백성을 다스리게 하면, 끝내는 오해가 한꺼번에 닥쳐와 아무리 유능한 자와 선한 자가 있다 해도 어찌할 수가 없게 되는 것이다. 윗문장은 爲政者들이 私利를 삼가고 爲政의 大

道인 正義, 公利를 마음에 새겨서 정치에 임하여야 한다는 서릿발 같은 警告의 글이 아니겠는가 한다. 고로 『大學』을 政治學이라고 하는 바는 마지막 문장인 傳文10章이나 끝 文句인 윗문장을 두고 하는 말이라 하겠다.

朱子註

彼爲善之는 此句上下애 疑有闕文誤字ㅣ라 自는 由也ㅣ니 言由小人導之也ㅣ라 此一節은 深明以利爲利之害하야 而重言以結之하니 其丁寧之意ㅣ切矣니라

彼爲善之 이 구절 위와 아래에 의심컨대 빠진 글(闕文)과 잘못된 글자(誤字)가 있는 듯하다. 自는 말미암음이니, 소인으로 말미암아 인도함을 말하는 것이다. 이 한 절은 利를 이익으로 삼는 害를 깊이 밝혀, 거듭 말하여 결론 지은 것이니, 그 丁寧한 뜻이 절실하다.

- 由: 말미암음. 비롯함.
- 丁寧: 친절하고 알뜰한 것.

● 言由小人導之也ㅣ라: 현명한 군주라고 할지라도 소인의 신하로 말미암아 그렇게 나쁜 군주로 인도되어 財用에만 힘쓴다는 뜻이다.
● 爲利之害하야: 私利로써 利를 삼는 바가 害되는 것을.

右는 傳之十章이니 釋治國平天下하니라

右는 傳文10章이니, 治國과 平天下를 해석한 것이다.

此章之義는 務在與民同好惡(오)而不專其利하니 皆推廣絜矩之意也

疑:의심할 의 闕:빠질 궐 誤:그르칠 오 由:말미암을 유 結:맺을 결 寧:편안할 녕 務:힘쓸 무

ㅣ라 **能如是則親賢樂利**하야 **各得其所而天下**ㅣ **平矣**라라

　이 章의 뜻은 백성과 더불어 좋아하고 싫어함을 함께 할 것이며, 그 이익을 오로지(독차지) 하지 않음에 힘쓸 것이니, 모두가 絜矩의 뜻을 미루어 넓힌 것이다. 능히 모두가 이와 같다면, 親·賢과 樂·利가 각각 그 〈마땅한〉 곳을 얻어서 천하가 화평할 것이다.

　・務在: 힘쓰는 데 있다.

● 務在與民同好惡而不專其利하니: 군주나 重臣이 財用을 가지고 잘 사는 일만 하는 것이 아니라 백성을 위하는 정치를 할 것이다.
● 親賢樂利하야: '君子는 賢其賢而親其親하고 小人은 樂其樂而利其利하나니 此以沒世不忘也ㅣ니라'[16] ← 傳文3章에서 뽑아낸 어구다

凡傳十章이니 **前四章**은 **統論綱領旨趣**하고 **後六章**은 **細論條目工夫**하고 **其第五章**은 **乃明善之要**오 **第六章**은 **乃誠身之本**이라 **在初學**에 **尤爲當務之急**이니 **讀者**ㅣ **不可以其近而忽之也**ㅣ라

　모든 傳文이 모두 열 장이니, 앞의 네 장은 〈三〉綱領의 취지를 통합하여 論究하였고, 뒤의 여섯 장은 〈八〉條目의 공부를 자세히 논한 것이다. 그리고 제5장은 이에 착한 것(善)을 〈스스로〉 밝히는 요령이고, 제6장은 이에 자신을 성실하게 하는 근본이니, 처음 배우는 사람이 더욱 마땅히 힘써야 할 급한 일이니, 읽는 사람은 가깝다고 해서 소홀히 여겨서는 아니 될 것이다.

● 其第五章은: 格物致知를 해석한 장이다.

---

16) 君子는 〈前王이〉 어질게 여기는 사람들을 자기도 어질게 여기고, 그 친하게 여기는 사람들을 자기도 친하게 여기고, 〈문·무왕이후의〉 백성들은 그 즐거움을 즐기고 그 이로움을 이롭게 여기니, 이 때문에 세상을 떠나더라도 잊지 못할 것이다.
統:합칠 통 綱:벼리 강 領:요소 령 趣:주창할 취 尤:더욱 욱 讀:읽을 독 忽:소홀히 할 홀

大學講義 총정리

『대학』의 全文은 孔子의 말인 經文1章과 曾子의 글이라 할 수 있는 傳文 열 章으로 나눌 수 있다.

經文1章이 대자연의 이치를 내포하고 있다면 傳文 열 章의 글은 經文1章을 해설하고 비교하여 보는 形而下學的인 내용이라고 할 수 있겠다. 經文1章을 세분하면 三綱領과 八條目이 되는데 三綱領에 대한 실현 방법이 八條目이라고 할 수 있다.

- 三綱領: 明明德, 新民, 止於至善. (道 → 上學)
- 八條目: 格物, 致知, 誠意, 正心, 修身, 齊家, 治國, 平天下. (德 → 下學)

傳文 열 章의 해설을 각각 장 별로 분석해 보면 다음과 같다.
▶三綱領: 傳1章~傳3章이며 그 내용을 간추려 보면 다음과 같다.

傳1章

明明德 — 克明德, 天之明命, 克明峻德 — 自明也 (『書經』)

傳2章

新(親)民 — 日日新, 作新民, 其命維新 — 無所不用其極 (『書經』,『詩經』)

傳3章

止於至善 — 惟民所止, 止于丘隅, 於輯熙敬止 — 沒世不忘 (『詩經』)
　이상은 삼강령의 해설이며 그의 근본적인 사상의 초점은 『서경』과 『시경』에서 인용되어 發하였다고 할 수 있다.
　▶ 八條目: 傳文4章~傳文10章이며 그 내용은 다음과 같다.

傳4章

本末(傳文3章의 연속)

傳5章

格物致知
　傳文4章과 傳文5章은 '知本'으로써 '知至'한다고 하였다. 사실상 傳文5章의 내용은 분명치 못하다. 그래서 朱子가 補亡章을 엮었다. '格物致知'는 『대학』 전체에 다 적용된다고 볼 수 있다.

傳6章

誠意 — 毋自欺 — 君子愼其獨
① 毋自欺: 如惡惡(오악)臭하며 如好好色이~

②誠於中이면 形於外ㅣ니 故로 君子는 必'愼其獨'也ㅣ니라: '안(中, 마음)에서 성실하면 밖으로 나타난다'고 하는 것이다. 그러므로 군자는 반드시 그 혼자 있을 때를 삼가고 조심한다. 바꾸어 말하면 愼其獨을 하여 덕을 쌓으면 誠於中까지 이룩될 수가 있다. 이 誠을 두되 외형적으로는 十手十目이 있으니, 이것을 초월한 마음의 毋自欺, 愼其獨을 하라는 뜻이다. 이 결과로써 德潤身이 된다.

傳7章

正心修身

正心修身하는 方法論(마음이 外誘 당하지 않는 방법)
①忿懥: 성내고 노여워 함 ②恐懼: 두려워하고 조심함 ③好樂: 不善을 좋아하고 즐김 ④憂患: 근심하고 걱정하는 마음

위에 열거된 것만 없으면 正心修身의 첩경이라고 할 수 있다. 고로 사람의 마음가짐이 모든 것을 지배하고 좌우한다. 也山선생 문집 중 『大學經傳道德圖』에서 正心의 해설이 '心'으로 표시되어 있다.

心不在焉 - 視而不見(視覺), 聽而不聞(聽覺), 食而不知其味(味覺): 뿐만이 아니라 모든 것을 느끼지 못하게 된다.

傳8章

修身齊家

修身을 하는데 있어서의 마음가짐(마음의 中正).
①親愛而辟焉 ②賤惡而辟焉 ③所畏敬而辟焉 ④哀矜而辟焉 ⑤敖惰而辟焉
不中한 마음이 편벽한 곳으로 흐르기 쉬운 예로는,
- 莫知其子之惡: 자기 자식의 악함을 알지 못한다.
- 莫知其苗之碩: 자기 논의 곡식이 큰 것을 알지 못한다.

傳9章

齊家治國
齊家가 治國의 근본이 된다고 하였으니 그 실제를 살펴보면,
孝者 — 事君 — 忠, 悌者 — 事長 — 敬, 慈者 — 使衆 — 信: 齊家 → 治國
위의 근본 바탕은 언제까지나 '仁'을 위주로 해야 한다. 仁이라고 하는 것은 자기가 남을 상대하여 무엇을 베풀었을 때를 말하고, 상대에게 베풀지 아니한 이전의 마음씨는 善이라고 한다. 곧 善이 외부로 나타난 것이 仁이다. 그러므로 착한 마음씨로 백성에게 베풀어주는 것이 仁政이 된다.

傳10章

治國平天下: 絜矩之道를 가져야 한다.
① 治國者의 마음가짐이 다음과 같아야 한다.
　老老 — 興孝 — 忠으로 승화
　長長 — 興弟 — 秩序
　恤孤 — 不倍(背反) — 仁慈心: 絜矩之道
② 방법론에서 보면(『詩經』을 인용한 3구절)
- 民之所好를 好之하며, 民之所惡(오)를 惡之하나니: 백성의 마음을 잘 살펴서 治國을 하라.
- 峻命不易(駿): 天命을 보존하여 가는 것이 쉽지 아니하다. 이것을 보존하지 아니하면 失國하고 생명도 보존하지 못한다. 그러나 明德을 가진 자가 통치를 한다면 사람과 나라와 재물 등 모든 것이 풍족하게 따르게 된다. 그러므로 德(心)을 本으로 — 心 — 主體 — 重視, 財를 末로 — 物 — 客體 — 輕視.
- (惟)天命不于常: 善者에게 得之, 不善者에게 失之한다. 그러므로 楚國에서는 善을 爲寶로 삼는다. 또 舅犯은 仁親(孝)을 爲寶로 삼는다.
- 必忠信以得之, 驕泰以失之: 君子有大道 — 絜矩之道

- 仁者 - 以財發身, 不仁者 - 以身發財: 上者는 仁하고 下者는 義한다. 仁을 지키기 위하여 義가 있는 것이다. 그러므로 不以利爲利오 以義爲利 也니라. 이는 유교의 경제학적 관점이 내포되어 있다. 좀더 해설을 덧붙인다면, 元亨利貞에서 利가 元을 간직하기 위하여 있듯이, 仁禮義智에서 '義'는 仁을 오래 보존하기 위하여 주장되고 발휘되어야 한다. 특히 맹자는 仁義를, 공자는 仁(仁 속에 義가 내포되어 있다)을 내세웠다.

결론적으로 『대학』은 義(宜)로 끝맺음되었고, 또한 『대학』은 入德之門이라고 하였다. 明明德에서 '明德'은 仁이요, 이것을 밝히는(明) 바는 바로 義가 있어야 한다. 곧 仁을 지키기 위하여서 義가 존재하는 것이다.

그러므로 『大學』은 道學的으로나 政治學的으로나 公明正義를 마음에 두고, 이 경전을 연구 및 道通을 해야 할 것이다.

大學原文

0001 大學之道는 在明明德하며 在親(新)民하며 在止於至善이니라

0002 知止而后에 有定이니 定而后에 能靜하며 靜而后에 能安하며 安而后에 能慮하며 慮而后에 能得이니라

0003 物有本末하고 事有終始하니 知所先後ㅣ면 則近道矣ㅣ리라

0004 古之欲明明德於天下者는 先治其國하고 欲治其國者는 先齊其家하고 欲齊其家者는 先修其身하고 欲修其身者는 先正其心하고 欲正其心者는 先誠其意하고 欲誠其意者는 先致其知하니 致知는 在格物하니라

0005 物格而后에 知至하고 知至而后에 意誠하고 意誠而后에 心正하고 心正而后에 身修하고 身修而后에 家齊하고 家齊而后에 國治하고 國治而后에 天下平이니라

0006 自天子至於庶人히 壹是皆以修身爲本이니라

0007 其本亂而末治者ㅣ 否矣며 其所厚者에 薄이요 而其所薄者에 厚하리 未之有也ㅣ니라

0101 康誥에 曰 克明德이라하며

0102 太甲에 曰 顧諟天之明命이라하며

0103 帝典에 曰 克明峻德이라하니

0104 皆自明也ㅣ니라

0201 湯之盤銘에 曰 苟日新이어든 日日新하고 又日新이라하며

0202 康誥에 曰 作新民이라하며

0203 詩曰 周雖舊邦이나 其命維新이라하니

0204 是故로 君子는 無所不用其極이니라

0301 詩云 邦畿千里여 惟民所止라하니라

0302 詩云 緡蠻黃鳥ㅣ여 止于丘隅ㅣ라하야날 子ㅣ曰 於止에 知其所止로소니 可以人而不如鳥乎ㅣ아

0303 詩云 穆穆文王이여 於緝熙敬止라하니 爲人君엔 止於仁하시고 爲人臣엔 止於敬하시고 爲人子엔 止於孝하시고 爲人父엔 止於慈하시고 與國人交엔 止於信이러시다

0304-1 詩云 瞻彼淇澳혼대 菉竹猗猗로다 有斐君子ㅣ여 如切如磋하며 如琢如磨ㅣ라 瑟兮僩兮며 赫兮喧兮니 有斐君子ㅣ여 終不可諠兮라하니

0304-2 如切如磋者는 道學也오 如琢如磨者는 自脩(修)也오 瑟兮僩兮者는 恂慄也오 赫兮喧兮者는 威儀也ㅣ오 有斐君子終不可諠兮者는 道(言)盛德至善을 民之不能忘也ㅣ니라

0305 詩云 於戲ㅣ라 前王不忘이라하니 君子는 賢其賢而親其親하고 小人은 樂其樂而利其利하나니 此以沒世不忘也ㅣ니라

0400 子ㅣ曰 聽訟이 吾猶人也ㅣ나 必也使無訟乎ㅣㄴ져하시니 無情者ㅣ 不得盡其辭난 大畏民志니 此謂知本이니라

0501,2 此謂知本은 此謂知之至也ㅣ니라

0601 所謂誠其意者는 毋自欺也ㅣ니 如惡惡臭하며 如好好色이 此之謂 自謙이니 故로 君子는 必愼其獨也ㅣ니라

0602 小人이 閒居에 爲不善호대 無所不至하다가 見君子而后에 厭然揜其 不善하고 而著其善하나니 人之視己ㅣ 如見其肺肝이니 然則何益矣리 오 此謂誠於中이면 形於外ㅣ니 故로 君子는 必愼其獨也ㅣ니라

0603 曾子ㅣ 曰 十目所視며 十手所指ㅣ니 其嚴乎ㄴ뎌

0604 富潤屋이오 德潤身이라 心廣體胖하나니 故로 君子는 必誠其意니라

0701 所謂修身이 在正其心者는 身有所忿懥則不得其正하고 有所恐懼則 不得其正하고 有所好樂則不得其正하고 有所憂患則不得其正이니라

0702 心不在焉이면 視而不見하며 聽而不聞하며 食而不知其味니라

0703 此謂脩身이 在正其心이니라

0801 所謂齊其家ㅣ 在脩其身者는 人이 之其所親愛而辟焉하며 之其所 賤惡而辟焉하며 之其所畏敬而辟焉하며 之其所哀矜而辟焉하며 之 其所敖惰而辟焉하나니 故로 好而知其惡하며 惡而知其美者ㅣ 天下 에 鮮矣니라

0802 故로 諺에 有之하니 曰 人이 莫知其子之惡하며 莫知其苗之碩이라하니라

0803 此謂身不修ㅣ면 不可以齊其家ㅣ니라

0901 所謂治國이 必先齊其家者는 其家를 不可敎ㅣ오 而能敎人者ㅣ 無 之하니 故로 君子는 不出家而成敎於國하나니 孝者는 所以事君也ㅣ오 弟者는 所以事長也ㅣ오 慈者는 所以使衆也ㅣ니라

0902 康誥에 曰 如保赤子ㅣ라하니 心誠求之면 雖不中이나 不遠矣ㅣ니 未 有學養子而后에 嫁者也ㅣ니라

0903 一家ㅣ 仁이면 一國이 興仁하고 一家ㅣ 讓이면 一國이 興讓하고 一人이 貪戾하면 一國이 作亂하나니 其機如此하니 此謂一言이 僨事ㅣ며 一人 이 定國이니라

0904 堯舜이 帥天下以仁하신대 而民이 從之하고 桀紂ㅣ 帥天下以暴한대 而民이 從之하니 其所令이 反其所好ㅣ면 而民이 不從하나니 是故로 君子는 有諸己而後에 求諸人하며 無諸己而後에 非諸人하나니 所藏乎身이 不恕ㅣ오 而能喩諸人者ㅣ 未之有也ㅣ니라

0905 故로 治國이 在齊其家ㅣ니라

0906 詩云 桃之夭夭ㅣ여 其葉蓁蓁이로다 之子于歸여 宜其家人이라하니 宜其家人而后에 可以教國人이니라

0907 詩云 宜兄宜弟라하니 宜兄宜弟而后에 可以教國人이니라

0908 詩云 其儀不忒이라 正是四國이라하니 其爲父子兄弟ㅣ 足法而后에 民이 法之也ㅣ니라

0909 此謂治國이 在齊其家ㅣ니라

1001 所謂平天下ㅣ 在治其國者는 上이 老老而民이 興孝하며 上이 長長而民이 興弟하며 上이 恤孤而民이 不倍하나니 是以로 君子는 有絜矩之道也ㅣ니라

1002 所惡於上으로 毋以使下하며 所惡於下로 毋以事上하며 所惡於前으로 毋以先後하며 所惡於後로 毋以從前하며 所惡於右로 毋以交於左하며 所惡於左로 毋以交於右ㅣ 此之謂絜矩之道ㅣ니라

1003 詩云 樂只君子여 民之父母ㅣ라하니 民之所好를 好之하며 民之所惡를 惡之ㅣ 此之謂民之父母ㅣ니라

1004 詩云 節彼南山이여 維石巖巖이로다 赫赫師尹이여 民具爾瞻이라하니 有國者ㅣ 不可以不愼이니 辟則爲天下僇矣ㅣ니라

1005 詩云 殷之未喪師엔 克配上帝러니 儀監于殷이어다 峻命不易라하니 道得衆則得國하고 失衆則失國이니라

1006 是故로 君子는 先愼乎德이니 有德이면 此有人이오 有人이면 此有土ㅣ오 有土면 此有財ㅣ오 有財면 此有用이니라

1007 德者는 本也ㅣ오 財者는 末也ㅣ니

1008 外本內末이면 爭民施奪이니라

1009 是故로 財聚則民散하고 財散則民聚ㅣ니라

1010 是故로 言悖而出者는 亦悖而入하고 貨悖而入者는 亦悖而出이니라

1011 康誥에 曰 惟命은 不于常이라하니 道善則得之하고 不善則失之矣니라

1012 楚書에 曰 楚國은 無以爲寶ㅣ오 惟善을 以爲寶ㅣ라하니라

1013 舅犯이 曰 亡人은 無以爲寶ㅣ오 仁親을 以爲寶ㅣ라하니라

1014 秦誓에 曰 若有一介臣이 斷斷兮오 無他技나 其心이 休休焉혼지 其如有容焉이라 人之有技를 若己有之하며 人之彦聖을 其心好之ㅣ 不啻若自其口出이면 寔能容之라 以能保我子孫黎民이니 尙亦有利哉ㅣㄴ져 人之有技를 媢疾以惡之하며 人之彦聖을 而違之하야 俾不通이면 寔不能容이라 以不能保我子孫黎民이니 亦曰 殆哉ㅣㄴ져

1015 唯仁人이아 放流之하야 迸諸四夷하야 不與同中國하나니 此謂唯仁人이아 爲能愛人하며 能惡人이니라

1016 見賢而不能擧하며 擧而不能先이 命也ㅣ오 見不善而不能退하며 退而不能遠이 過也ㅣ니라

1017 好人之所惡하며 惡人之所好ㅣ 是謂拂人之性이라 菑必逮夫身이니라

1018 是故로 君子ㅣ 有大道하니 必忠信以得之하고 驕泰以失之니라

1019 生財ㅣ 有大道하니 生之者ㅣ 衆하고 食之者ㅣ 寡하며 爲之者ㅣ 疾하고 用之者ㅣ 舒하면 則財恒足矣ㅣ리라

1020 仁者는 以財發身하고 不仁者는 以身發財니라

1021 未有上好仁而下不好義者也ㅣ니 未有好義오 其事不終者也ㅣ며 未有府庫財ㅣ 非其財者也ㅣ니라

1022 孟獻子ㅣ 曰 畜馬乘은 不察於鷄豚하고 伐氷之家는 不畜牛羊하고 百乘之家는 不畜聚斂之臣하나니 與其有聚斂之臣으론 寧有盜臣이라하니

此謂國은 不以利爲利오 以義爲利也ㅣ니라

1023 長國家而務財用者는 必自小人矣니 彼爲善之하야 小人之使爲國家ㅣ면 菑害並至라 雖有善者나 亦無如之何矣니 此謂國은 不以利爲利오 以義爲利也ㅣ니라

아산학회 발간도서 소개

○ 亞山의 周易講義㊤ : 上經
　　B5/양장판 563쪽/김병호 강의 · 김진규 구성/값38,000원

○ 亞山의 周易講義㊥ : 下經
　　B5/양장판 496쪽/김병호 강의 · 김진규 구성/값28,000원

○ 亞山의 周易講義㊦ : 繫辭傳 등
　　B5/양장판 469쪽/김병호 강의 · 김진규 구성/값28,000원

○ 易經
　　포켓용/295쪽/아산학회편/값7,000원

○ 周易
　　포켓용/315쪽/아산학회편/값10,000원

○ 亞山의 中庸講義
　　B5/386쪽/김병호 강의 · 김진규 구성/값15,000원

○ 亞山의 詩經講義㊤
　　B5/양장판 567쪽/김병호 강의 · 김진규 구성/값35,000원

○ 亞山의 詩經講義㊦
　　B5/양장판 763쪽/김병호 강의 · 김진규 구성/값38,000원

金炳浩 (1918~1984)

雅號는 亞山, 字는 善養, 貫鄕은 一善이다. 아산은 1918년 경북 고령에서 출생하고 일제시대 학제로 보통학교를 졸업했으며, 서당에서 한학(漢學)을 수학하고 20세 미만에 詩를 지었다. 그 뒤 더욱 정진하여 華岡 張相學의 문하에서 학문을 닦았으며, 말년에 이르러 경전 속에 영원한 진리가 있음을 깨닫고 뜻한 바 있어 也山 李達을 만나 그의 문하에서 평생동안 周易을 연구하였다. 서울, 부산, 대구, 울산 등지에서 후학 지도에 심혈을 쏟아 많은 제자를 양성하다가 67세를 일기로 유명을 달리했다. 그리고 「太極說」, 「易中短語解說」과 다수의 遺墨이 전한다.

金珍圭 (1934~)

雅號는 一岡, 字는 天哉, 貫鄕은 一善이다. 일강은 1934년 경북 고령에서 아산의 아들로 출생했고, 대학을 졸업한 뒤 한학자인 아버지의 학풍을 사사 받았으며, 충남 안면도에서 3년 간 역학 공부에 정진했다. 34년 간 공무원으로 봉직했으며 경북도립안동도서관장과 경북학생회관장을 역임했으며 1995년에 정년 퇴임했다. 그 뒤 안동정보대학 교수로 재직하다가 정년 퇴임하였다. 아버지 아산의 강의와 사숙을 받아 1982년과 1987년 사이에 『周易講義 上·中·下』의 자료를 발간하고, 1995년에는 아산학술총서 제1집 『亞山의 中庸講義』, 제2집 『亞山의 大學講義』, 제3집 『亞山의 周易講義』㊤, ㊥, ㊦, 제4집 『亞山의 詩經講義』㊤, ㊦와 『古典을 通한 敎養의 샘』을 출간하였다. 아산의 타계 후 뒤를 이어 계속해서 부산, 대구, 울산, 안동, 단양, 경산, 구미, 제천, 상주에서 현재까지 경전을 강의중이며, 亞山學會易經院長으로 활동하고 있다.

亞山의 大學講義

강의/김병호
구성/김진규
발행인/김병성
발행처/도서출판 소강
발행일/초판 1쇄 1996. 12. 15
　　　　4쇄 2012. 11. 1
등록번호/카2-47
등록일/1995. 2. 9
주소/부산광역시 서구 동대신동 2가 289-6번지
전화/051)247-9106　팩스/051)248-2176

값9,000원
ISBN 978-89-86733-04-4　03140
※잘못된 책은 바꿔드립니다.